Die

freie Municipalstadt Bautsch

in

Mähren

in

geographisch-topographischer und historischer Beziehung

dargestellt

von

F. C. Hallaschka,

Doctor der Philosophie, k. k. wirklichem N. Oe. Regierungsrathe, infulirtem Probsten des Collegiat-Capitels in Altbunzlau, Prälaten des Königreichs Böhmen, Mitglied der königl. Gesellschaft der Wissenschaften in Prag etc. etc. etc.

(Aus den Abhandlungen der k. böhm. Gesellschaft der Wissenschaften besonders abgedruckt.)

Prag, 1842.
Druck und Papier von Gottlieb Haase Söhne.

In the interest of creating a more extensive selection of rare historical book reprints, we have chosen to reproduce this title even though it may possibly have occasional imperfections such as missing and blurred pages, missing text, poor pictures, markings, dark backgrounds and other reproduction issues beyond our control. Because this work is culturally important, we have made it available as a part of our commitment to protecting, preserving and promoting the world's literature. Thank you for your understanding.

Geographische Bestimmung
der
Stadt Bautsch in Mähren.

Die nord-östliche Gränze Mährens genauer kennen zu lernen, und meinem Geburtsorte ein Denkmal dankbarer Erinnerung zu sichern, waren die Bestimmungsgründe, dass ich die Lage der Stadt *Bautsch* in Mähren (latein. *Budissovium*, böhm. *Budišow*) astronomisch zu untersuchen, den Ort und die nächste Umgegend topographisch zu beschreiben, und die Geschichte desselben, so weit es möglich ist, zusammen zu stellen, mir zur Aufgabe machte.

Um die astronomische Bestimmung entsprechend zu vollziehen, dienten mir in Bezug der Untersuchung der geographischen Breite mein zehnzölliger Spiegelsextant von Liebherr, welcher 5 Secunden im Bogen angibt, und meine Pendeluhr. In Hinsicht der Längenbestimmung ergab sich die Bedeckung des Sternes χ Tauri vom Monde am 4. Oct. 1822, welche an der Sternwarte zu Prag und Wien, und von mir in Bautsch beobachtet worden ist. Mein Frauenhofer'scher Refractor von 48″ Focallänge, und 27 par. Lin. Objectiv-Oeffnung leistete bei dem günstigen atmosphärischen Zustande die gewünschten Dienste.

Zur Bestimmung der Höhe der Stadt Bautsch über der Meeresfläche, so wie mehrerer anderer Orte an der Hauptstrasse von Prag bis Troppau bediente ich mich eines Heberbarometers, welcher mittelst des Nonius $\frac{1}{100}$ einer pariser Linie angibt.

Die Zeit habe ich durch korrespondirende Sonnenhöhen mit dem genannten Sextanten nach meiner erprobten Pendeluhr von Wollenik vor und nach der Sternbedeckung, und selbst am Tage derselben mit Sorgfalt bestimmt.

In Bezug der topographischen Beschreibung von Bautsch und der Umgebung benützte ich, nebst meinen örtlichen Kenntnissen, die Angaben des Herrn Professors Gregor Wolný, im 1. Bande der Topographie Mährens, Brünn 1835; und die in demselben Bande enthaltene allgemeine Uibersicht der physikalischen Verhältnisse des prerauer Kreises, von Herrn Professor Albin Heinrich, welcher mit vielem Eifer und Kenntnissen das Gesenke durchgewandert, und dessen geognostische Gestaltung lehrreich dargestellt hat.

In Absicht der geschichtlichen Daten der Stadt Bautsch, muss mit Dank bemerkt werden, dass der verstorbene, um die mährische Geschichte hochverdiente Gubernial-Secretär Cerroni, und in der neuesten Zeit der Doctor und Professor der Welt- und der österr. Staatengeschichte, dann der historischen Hilfswissenschaften an der Universität zu Prag, Herr Carl Johann Vietz, mir hilfreiche Hand leisteten, um in den Besitz der bezüglichen Privilegien und Handvesten und anderer Urkunden zu gelangen.

I. Bestimmung der geographischen Breite von Bautsch.

Nachdem ich, mit dem nöthigen astronomischen Apparate versehen, am 2. October 1822 in Bautsch angekommen war, habe ich die Anstalt getroffen, dass die Pendeluhr in meinem väterlichen Hause N. C. 299 aufgestellt, und in den Gang gesetzt wurde. Am 3., 4. und 5. October bestimmte ich durch correspondirende Sonnenhöhen die Zeit, und kam sonach in Kenntniss vom Gange des Pendels.

Mit der vorläufig angenommenen geographischen Breite von Bautsch 49° 47' 50" nördlich, und der Länge von 1 St. 1' 12".7 vom pariser Meridian in Zeit, wurde aus den am 3. Oct. 1822 beobachteten Circummeridian-Höhen des oberen Sonnenrandes die Polhöhe des Beobachtungsortes berechnet, wozu die Elemente der Abweichung der Sonne aus dem Berliner astronomischen Jahrbuche für das Jahr 1822 entlehnt wurden

Die Abweichung der Sonne für den Berliner Meridian war

$$\text{am 2. Oct.} = 3° 26' 32'' \text{ südlich}$$
$$\text{» 3. »} = 3\ 49\ 49\ \text{»}$$
$$\text{» 4. »} = 4\ 13\ 3\ \text{»}$$

Mithin war am 3. Oct. zur Zeit der Culmination die 24stündige Veränderung der südlichen Abweichung der Sonne $= 23' 15''.5$.

Da Bautsch um 17 Min. in Zeit östlicher liegt, als Berlin, sonach um die angegebene Zeit die Sonne den Bautscher Meridian früher erreicht, als den Berliner, so wird die für den Berliner Meridian am 3. Oct. angegebene südliche Abweichung der Sonne um 16".47 zu vermindern seyn. Daher ist für den Beobachtungsort in Bautsch zur Zeit der Culmination der Sonne am 3. Oct. 1822, die südliche Abweichung derselben

$$= 3° 49' 32''.53 = \delta';$$

und die Aenderung der Abweichung der Sonne in einer Zeitminute

$$d\delta = 0''.9691 \text{ abnehmend.}$$

Die vorläufige Polhöhe des Beobachtungsortes in Bautsch wird

$$\varphi = 49° 48' 0''$$

nördlich angenommen, sodann ist:

$$\log. m = \log. \frac{\cos. \varphi \cos. \delta'}{\sin. (\varphi - \delta')} = \log. 9.9030169; \text{ und}$$

der gesuchte Werth der Reduction der ausser dem Meridian beobachteten Höhe der Sonne auf die mittägliche Höhe derselben

$$dh = \frac{(\delta' - \delta) \sin. 1'' + 2 m \sin.^2 \frac{t}{2} + \ldots *)}{\sin. 1''}.$$

Dieser Werth gilt unverändert, wenn das Gestirn auf der Südseite des Zeniths, wie hier der Fall ist, culminirt.

Wird mit dem Argumente $\vartheta = t = \frac{t}{2}$ eine Tafel berechnet, welche die Grösse $\frac{2 \sin.^2 \frac{t}{2}}{\sin. 1''}$ gibt, so wird die Reduction sehr erleichtert.

Ist z. B. der Stundenwinkel in Zeit $= \vartheta = t = 11' 37''.13 = 11'.622$; so ist nach Tafel XII des eben gedachten Werkes, S. 457

$$\log. \vartheta = 264.9 = 2.4230820$$
$$\log. m = \ldots = 9.9030169$$
$$\log. dh = 211''.8 = 2.3260989$$
$$dh = 3' 31''.8.$$

Da, wie zuvor berechnet wurde, die Veränderung der Abweichung der Sonne in 1 Zeitminute

$$= d\delta = 0''.9691 \text{ ist; so ist auch}$$
$$\log. d\delta = 0''.9691 = 9.9863$$
$$\log. t = 11'.62 = 1.0652$$
$$\log. (\delta' - \delta = 11''.26 = 1.0515$$
$$\delta' - \delta = 11''.26$$

die Veränderung der Abweichung der Sonne in $11' 37''.13$. Die vorläufige Polhöhe φ von Bautsch wurde $49° 48' 0''$ nördlich angenommen.

Der Collimationsfehler des Sextanten war $= + 1' 36''.25$,
» Halbmesser der Sonne $= 16' 1''.8$,
die Höhenparallaxe der Sonne $= + 6''.88$,
der Barometerstand $= 26'' 8'''.52$ par. F.
das innere Thermometer zeigte $= + 13°.8$ R.
» äussere Thermometer $= + 15.5$ »

Die Refraction wird nach Tafel X und XI des angegebenen von Littrow'schen Werkes berechnet:

* Theoret. und prakt. Astronomie v. J. J. Littrow. Wien 1821.

Höhe der Sonne = 36° 36' 30".62
Zenithdistanz = 53 23 29.38, daher ist
Tafel X log. R = 53° 23'   = 1.8910
 »   XI log. A = 26" 8'".5 = 9.9795
 »   » log. B = + 15°.5   = 9.9889
                  ─────────────────
                  log. 72".34 = 1.8594
                  Refract. = 1' 12".34.

Die Beobachtungen am 3. Oct. 1822 waren folgende:

Uhrzeit der Beobachtungen	Höhe des ob. ☉ R. v. Collimf. befreit	Stundenwinkel in Zeit
23ʰ 48' 15"	36° 36' 30".62	11' 37".13
49 28	37 6.87	10 24.13
50 25	37 33.12	9 27.13
51 24	38 1.87	8 28.13
52 27	38 29.37	7 25.13
53 39	38 58.12	6 13.13
56 50	39 33.12	3 2.50
58 2	39 38.12	1 50.13
59 10	39 39.37	0 42.13
23 59 54	39 39.37	0 1.87
0 0 30	39 39.37	0 37.87
4 49	36 38 56.87	4 56.87

Refract.	δ' − δ	Reduct. dh	Mittagshöhe des ob. ☉ Randes.
− 1' 12".34	− 11".25	+ 3' 31".9	36° 38' 38".90
1 12.34	10.07	2 49.8	38 34.23
1 12.34	9.16	2 20.2	38 31.79
1 12.29	8.21	1 52.5	38 33.67
1 12.28	7.19	1 26.4	38 36.30
1 12.27	6.02	1 0.7	38 40.53
1 12.20	2.94	0 14.5	38 32.48
1 12.19	1.84	0 5.3	38 29.42
1 12.19	0.67	0 0.8	38 27.31
1 12.19	− 0.03	0 0.0	38 27.15
1 12.19	+ 0.61	0 0.6	38 28.39
1 12.21	4.78	0 38.5	36 38 27.94

Aequatorshöhe	Polhöhe
40° 12′ 16″.51	49° 47′ 43″.69
11.84	48.16
9.40	51.60
11.28	48.72
13.91	46.09
18.14	41.86
10.09	49.91
7.03	52.97
4.92	55.08
4.76	55.24
6.00	54.00
5.55	54.45

Im Mittel aus 12 Beobachtungen 49° 47′ 50″.13 Polhöhe, und z. nördlich:

Am 4. Oct. 1822 zeigte die Uhr im wahren Mittage 0ʰ 0′ 25″.78.

Abweichung der Sonne im Mittage in Bautsch

$$\delta' = 4° 12' 46''.57 \text{ südlich:}$$

Aenderung der Abweichung in *einer* Zeitminute

$$d\delta = 0''.9670 \text{ abnehmend},$$

$$\log. m = 9.9007080$$

Collimationsfehler des Sextanten $+ 1' 36''.25$

Halbmesser der Sonne $= 16' 2''.08$,

Höhenparallaxe der Sonne $= + 6''.85$,

Barometerstand $= 26'' 9'''.23$ par. P.

Inneres Thermometer $= + 14°.0$ R.

Aeusseres » $= + 17.0$ »

Die Beobachtungen waren folgende:

Uhrzeit der Beobachtungen	Höhe des ob. ☉ R. befreit v. Collimf.	Stundenwinkel in Zeit
23ʰ 50′ 12″	36° 14′ 5″.62	10′ 13″.78
51 38	14 38.12	8 47.78
52 53	15 18.12	7 32.78
57 0	16 24.37	3 25.78
23 58 39	16 29.37	1 46.78
0 0 7	16 39.27	0 18.78
2 25	16 24.36	1 59.22
4 17	16 10.62	3 51.22
7 34	15 8.12	7 8.22
8 56	14 33.12	8 30.22
12 26	12 35.62	12 0.22

Refract.	$\delta' - \delta$	Reduct. $d\hbar$	Mittagshöhe des ob. ⊙ Randes
— 1′13″.00	— 9″.89	+ 2′43″.50	36° 15′ 26″.23
1 12.96	8.49	2 0.90	15 17.57
1 12.90	7.30	1 34.66	15 27.58
1 12.89	3.31	0 18.37	15 26.54
1 12.88	1.73	0 4.93	15 19.69
1 12.88	— 0.30	0 0.15	15 16.24
1 12.89	+ 1.92	0 6.12	15 19.51
1 12.89	3.72	0 23.15	15 24.60
1 12.90	6.90	1 19.47	15 21.59
1 12.96	8.22	1 52.20	15 20.58
1 13.04	11.60	3 45.00	15 19.18

Aequatorshöhe	Polhöhe
40° 12′ 17″.57	49° 47′ 42″.43
12 8.91	47 51.09
12 18.92	47 41.08
12 17.88	47 42.12
12 11.03	47 48.97
12 17.68	47 42.32
12 10.85	47 49.15
12 15.94	47 44.06
12 12.93	47 47.07
12 11.92	47 48.09
12 10.52	47 49.48

Mittel aus 11 Beobachtungen = 49° 47′ 45″.98 nördliche Polhöhe.

Am 5. October 1822 zeigte die Uhr im wahren Mittage

$$0^h\ 1'\ 31''.31.$$

Abweichung der Sonne in Bautsch südlich:

$$\delta' = 4°\ 35'\ 57''.59.$$

Aenderung der Abweichung der Sonne in *einer* Zeitminute

$$d\delta = 0''.9546 \text{ abnehmend};$$
$$\log. m = 9.8757603$$

Collimationsfehler des Sextanten + 1′ 36″.25

Halbmesser der Sonne 16′ 2″.88

Höhenparallaxe der Sonne + 6″.88.

Barometerstand = 26′ 8″.46 par. F.

Inneres Thermometer = + 14°.8 R.

Aeusseres Thermometer = + 16.0 »

Die Beobachtungen waren folgende:

Uhrzeit der Beobachtungen	Höhe des ob. ☉ R. v. Collimf. befreit.	Stundenwinkel in Zeit
23ʰ 52′ 17″	35° 51′ 18″.12	9′ 4″.31
53 52	51 54.37	7 29.31
55 1	52 18.12	6 20.31
23 59 26	53 13.12	1 55.31
0 0 40	53 18.12	0 41.31
1 44	53 18.12	0 22.69
3 4	53 13.12	1 42.69
4 29	52 54.37	3 7.69
6 17	52 31.87	4 55.69
7 35	52 8.12	6 13.69
9 6	51 50.62	7 44.69
0 10 29	35 51 9.12	9 7.69

Refract.	δ′ − δ	Reduct. dh	Mittagshöhe d. ob. ☉ Randes.
− 1′ 14″.23	− 8″.75	+ 2′ 7″.74	35° 52′ 2″.88
1 14.19	7.23	1 27.06	52 0.01
1 14.15	6.12	1 2.36	52 0.21
1 13.95	1.85	0 5.70	52 4.02
1 13.92	− 0.68	0 0.71	52 4.23
1 13.92	+ 0.37	0 0.23	52 4.80
1 13.95	1.65	0 4.59	52 5.41
1 14.00	3.02	0 15.27	51 58.66
1 14.10	4.76	0 37.82	52 0.35
1 14.17	6.01	1 0.38	52 0.34
1 14.19	7.47	1 33.30	52 16.20
1 14.25	8.81	2 9.63	52 13.31

Aequatorshöhe	Polhöhe
40° 12′ 4″.47	49° 47′ 55″.53
12 1.59	47 58.41
12 1.80	47 58.20
12 4.61	47 55.39
12 5.82	47 54.18
12 6.39	47 53.61
12 7.00	47 53.00
12 0.25	47 59.75
12 1.94	47 58.06
12 1.93	47 58.07
12 18.79	47 41.21
40 12 14.90	49 47 45.10

Polhöhe

Im Mittel aus 12 Beobachtungen 49° 47′ 54″.21 am 5. Oct. 1822
» » » 11 » 49 47 45.98 » 4. » »
» » » 12 » 49 47 50.13 » 3. » »

demnach ist die nördliche Breite, oder Polhöhe des Beobachtungsortes in Bautsch N. C. 299 aus 35 beobachteten Circum-Meridianhöhen der Sonne

$$= 49° 47' 50''.11.$$

II. Bestimmung der geographischen Länge von Bautsch.

Zur Bestimmung der geographischen Länge von Bautsch hat sich, wie bereits erwähnt wurde, am 4. October 1822 die Bedeckung des Sternes χ Tauri vom Monde sehr gewünscht ergeben.

Dieselbe wurde gleichzeitig von mir in Bautsch, an der Wiener und Prager Sternwarte beobachtet.

Die Herren Astronomen Edler von Littrow und David hatten die Gefälligkeit, mir die beobachteten Zeitmomente der Bedeckung mitzutheilen.

Diesen Mittheilungen zufolge wurde an der Prager Sternwarte beobachtet am 4. Oct. 1822.

Eintritt χ Tauri um 11ʰ 24′ 52″.7 wahre Zeit,
Austritt χ Tauri » 12 18 47.4 » »

der Eintritt am lichten Mondrande wird auf 2″ bis 3″ unsicher angegeben.

An der Wiener Sternwarte wurde bloss der Austritt des Sternes aus dem dunkeln Mondrande beobachtet, und zwar am 4. Oct. 1822 um

12ʰ 11′ 13″.1 m. Zeit in Wien.

In Bautsch beobachtete ich am 4. Oct. 1822

den Eintritt χ Tauri um 11ʰ 29′ 2″.3 m. Zeit;
» Austritt χ Tauri » 12 20 37.68 » »

Auch hier ist der Eintritt am lichten Mondrande auf 2″ bis 3″ unsicher, was bei Beobachtungen dieser Art natürlich ist, da bei der Annäherung des erleuchteten Mondrandes zum Stern, das Licht des Letzteren nach und nach schwächer, und endlich unkenntlich wird.

Die Austritte am dunkeln Mondrande wurden an allen drei Orten mit aller Schärfe beobachtet.

Bei Reducirung der Prager *wahren* auf *mittlere* Zeit, ergibt sich

der Eintritt in Prag um 11ʰ 13′ 30″.22 m. Zeit
» Austritt » » » 12 7 30.23 » »

Die Elemente der Sonnenörter berechnete ich für mehrere auf einander folgende Stunden, zwischen welchen sich die Sternbedeckung vom Monde ereignete, nach *Carlini's* Sonnentafeln *).

Die wahre Länge, die stündliche Bewegung in der Länge, die wahre Breite, so wie die stündliche Bewegung in der Breite, die Aequatorial-Parallaxe, und den horizontalen Halbmesser des Mondes entlehnte ich aus *Burkhardts* Mondstafeln**).

Es ist demnach am 4. Okt. 1822:

Mittl. Prag. Zeit.	Wahre ☉ Länge.	Mittl. ☉ Länge.	Zeitgleichung.
9ʰ 13′ 36″.22	6ˢ 11° 1′ 38″.64	6ˢ 12° 56′ 52″.65	11′ 15″.12
10 13 36.22	6 11 4 6.69	6 12 59 20.40	11 15.89
11 13 36.22	6 11 6 34.56	6 13 1 48.45	11 16.66
12 13 36.22	6 11 9 2.51	6 13 4 16.20	11 17.40
13 13 36.22	6 11 11 30.45	6 13 6 43.95	11 18.15

Scheinb. Schiefe der Ekliptik = 23° 27′ 52″.16.

Werden diese Rechnungs-Elemente auf 10, 11, 12 und 13 Uhr prag. mittl. Zeit reduciret, so erhält man für

	Wahre ☉ Länge.	Mittl. ☉ Länge.	Stündl. ☉ Bew.
10ʰ 0′ 0″.0	6ˢ 11° 3′ 33″.12	6ˢ 12° 58′ 46″.89	
11 0 0.0	6 11 6 1.04	6 13 1 14.87	2′ 27″.98
12 0 0.0	6 11 8 28.36	6 13 3 42.69	2 27.82
13 0 0.0	6 11 10 56.91	6 13 6 10.44	2 27.75

Mittl. Prag. Zeit.	Wahre ☽ Länge.	Stündl. ☽ Beweg. in der Länge
10ʰ 0′ 0″.0	64° 11′ 54″.70	36′ 26″.40
11 0 0.0	64 48 21.10	36 25.53
12 0 0.0	65 24 45.50	36 24.45
13 0 0.0	66 1 9.20	36 23.48

Mittl. Prag. Zeit.	Wahre ☽ Breite.	Stündl. ☽ Beweg. in der Breite.
10ʰ 0′ 0″.0	+ 4° 47′ 20″.83	1′ 5″.40
11 0 0.0	+ 4 46 14.26	1 7.36
12 0 0.0	+ 4 45 6.23	1 9.25
13 0 0.0	+ 4 43 56.22	1 11.13

Mittl. Prag. Zeit.	Horiz. ☽ Parallaxe.	Horiz. ☽ Halbm.
10ʰ 0′ 0″.0	59′ 59″.3	16′ 20″.80
11 0 0.0	59 58.9	16 20.69
12 0 0.0	59 58.2	16 20.50
13 0 0.0	59 57.6	16 20.20

*) Franc. Carlini: Esposizione di un nuovo metodo di costruire le Tavole astron. applicato alle Tavole del Sole. Milano 1810.
**) Tables de la Lune. Par M. Burckhardt. Paris 1812.

Piazzi gibt für 1800 folgende Position des Sterns 59 χ Tauri 6. Grösse an:

AR.   62° 36' 26".4 ; Jährl. Präcess.   54".40 ; Eigene Bew. — 0".05
Decl. +25 8 41.0   »   »   + 9.23   »   »   — 0.23*).

Sonach ist für den 4. Oktober 1822 um Mitternacht

$$\text{Mittlere AR} = 62° 57' 3".40,$$
$$\text{» Decl.} = +25\ 12\ 11.07; \text{ und sonach}$$
$$\text{Scheinb. AR} = 62\ 57\ 28.99,$$
$$\text{» Decl.} = +25\ 12\ 19.87;$$

woraus sich die scheinbare Länge und Breite des Sterns ergibt, wie folgt:

$$\text{Scheinb. Länge} = 65° 38' 48".76$$
$$\text{» Breite} = +4\ 0\ 2.50 \text{ nördlich.}$$

Aus den oben angeführten Sonnen- und Mondesörtern, so wie aus den übrigen Rechnungs-Elementen, ergibt sich für die mittlere Zeit des in *Bautsch* beobachteten Eintrittes des Sternes χ⁶ Tauri:

Eintritt χ⁶ Tauri in den lichten ☽ Rand am 4. Okt. 1822 um 11ʰ 29' 1".05 m. Z.

Mittlere ☉ Länge sammt Nutation . . . . . =	93°	1'	54".96
Schiefe der Ekliptik	23	27	52.16
Wahre ☽ Länge	64	58	13.90
Wahre ☽ Breite nördlich		4	45 55.70
Horiz. ☽ Parallaxe		59	58.71
Reduktion $\frac{1}{310}$ der Abplattung			6.75
Horiz. ☽ Halbmesser		16	20.64
Stündl. Bewegung des ☽ in der Länge . .		36	25.26
» » » » » Breite . .		— 1	7.83
Scheinb. Länge des ✴χ⁶ Tauri		65 38	48.76
» Breite des ✴χ⁶ Tauri	+	4 0	2.50
Polhöhe von Bautsch, Nro. C. 299		49 47	50.11
Redukt. Abplattung $\frac{1}{310}$		10	57.40
Reducirte Polhöhe		49 36	52.71
Gerade Aufsteigung der Mitte des Himmels .		5 17	10.71
Scheinbare Länge des ☽		65 24	30.71
» Breite des ☽	+	4 8	12.19
Vergrösserter Halbmesser d. ☽		16	31.82

☌ ☽ ✴ in Bautsch um 12ʰ 36' 4".35 — 0".9356 dB,

aus dem Eintritte des Sterns in den lichten Mondrand.

---

*) Die eigene Bewegung des Sterns in Deklination, welche Piazzi in seinem Sternkataloge (Panormi 1814) zu — 0".23 angibt, wird als gar nicht existirend angenommen, wie dies aus neueren Beobachtungen genügend erhellt. Es gibt nämlich der von der astronomischen Gesellschaft in London im Jahre 1826 herausgegebene Sternkatalog für die mittlere Deklination im Anfange des Jahres 1800 + 25° 8' 40".4.

Der Austritt des ✱ χ⁶ Tauri wurde in *Bautsch* beobachtet am 4. Oct. 1822 um 12ʰ 20′ 36″.36 m. Z. Für diese Zeit ist:

Mittlere ☉ Länge sammt Nutation	193°	4′	2″.05
Schiefe der Ekliptik	23	27	52.16
Wahre ☽ Länge	65	29	32.46
Wahre ☽ Breite nördlich	4	44	57.09
Horiz. ☽ Parallaxe		59	58.12
Reduktion ₃₁₀ der Abplattung			− 6.75
Horiz. ☽ Halbmesser		16	20.46
Stündl. Bewegung des ☽ in der Länge		36	24.33
» » » » » Breite		− 1	9.47
Gerade Aufsteigung der Mitte des Himmels	18	13	7.45
Scheinbare Länge des ☽	65	51	15.00
» Breite » ☽	+ 4	11	6.57
Vergrösserter Halbmesser des ☽		16	33.46

☌ ✱ ☽ in Bautsch um 12ʰ 36′ 2″.22 + 1″.4813 . *dB*

aus dem Austritte des Sterns aus dem dunklen Mondrand.

Die Breitenverbesserung ist demnach

$$dB = 0''.881,$$

und daher die verbesserte ☌ ✱ ☽ für *Bautsch*

aus dem Eintritte = 12ʰ 36′ 3″.53 m. Z.

» » Austritte = 12 36 3.53 » »

Auf der k. k. Sternwarte zu *Prag* wurde der Eintritt des Sternes χ⁶ Tauri in den lichten Mondrand beobachtet am 4. Oct. 1822 um 11ʰ 13′ 36″.22 m. Z.

Für diese Zeit ist:

Mittlere ☉ Länge sammt Nutation	193°	1′	48″.45
Schiefe der Ekliptik	23	27	52.16
Wahre ☽ Länge	64	56	36.43
Wahre ☽ Breite nördlich	4	45	58.70
Horiz. ☽ Parallaxe		59	58.73
Reduktion ₃₁₀ Abplattung			6.83
Horiz. ☽ Halbmesser		16	20.65
Stündl. Bewegung des ☽ in der Länge		36	25.28
» » » » » Breite		− 1	7.33

Acht von Pond angestellte, unter einander sehr gut stimmende Beobachtungen geben für dasselbe Jahr

+ 25° 8′ 40″.8 ;

Piazzi's Katalog gibt + 25 8 41.0,

woraus zur Genüge erhellt, dass keine eigene Bewegung vorhanden ist, und dass die von Piazzi angegebene eigene Bewegung von − 0″.23 bloss in der Ungenauigkeit der älteren Beobachtungen, aus denen sie abgeleitet wurde, ihren Grund habe, daher sie auch bei der Berechnung der scheinbaren Position des Sternes nicht in Anwendung genommen worden ist.

Polhöhe von Prag . . . . 50° 5' 19".00
Reduktion ₃₁₅ der Abplattung . . . . — 10 56.34
Reducirte Polhöhe 49 54 22.66
Gerade Aufsteigung der Mitte des Himmels . . . 1 25 51.75
Scheinbare Länge des ☽ 65 23 47.85
   »   Breite des ☽ . . . . +4 6 52.08
Vergrösserter Halbmesser des ☽ 16 31.23

☌*☽ in Prag um 12ʰ 23' 15".72 — 0".7477 dB m. Z.

aus dem Eintritte des * in den lichten Mondrand.

Der Austritt des *χ⁶ Tauri aus dem dunklen Mondrande wurde auf der prager Sternwarte beobachtet am 4. Oct. 1822 um 12ʰ 7' 30".23 m. Z.

Für diese Zeit ist:

Mittlere ☉ Länge sammt Nutation . . . . . . 193° 4' 1".17
Wahre ☽ Länge 65 29 18.60
Wahre ☽ Breite nördlich 4 44 57.40
Horiz. ☽ Parallaxe 59 58.13
Reduction ₃₁₅ der Abplattung 6.13
Horiz. ☽ Halbmesser 16 20.46
Stündl. Bewegung des ☽ in der Länge 36 24.35
  » » » » » » Breite . . . . . — 1 9.44
Gerade Aufst. d. Mitte des Himmels 14 56 34.62
Scheinbare Länge des ☽ 65 52 12.14
  »   Breite des ☽ . . . . +4 9 56.18
Vergrösserter Halbmesser des ☽ 16 32.19

☌*☽ in Prag um 12ʰ 23' 18".13 + 0".9766 m. Z.

aus dem Austritte des * aus dem dunklen Mondrande.

Die Breitenverbesserung dB ist demnach

$$= -1".397 = dB$$

und daher die verbesserte ☌*☽ für Prag

aus dem Eintritte 12ʰ 23' 16".77 m. Z.
  »   » Austritte 12 23 16.77 » »

Auf der k. k. Universitäts-Sternwarte in Wien wurde bloss der Austritt des *χ⁶ Tauri aus dem dunklen Mondrande am 4. Oct. 1822 um 12ʰ 11' 13".1 m. Z. beobachtet.

Für diese Zeit ist:

Mittlere ☉ Länge sammt Nutation . . . . . . 193° 3' 51".02
Schiefe der Ekliptik 23 27 52.16
Wahre ☽ Länge 65 26 48.74
Wahre ☽ Breite nördlich 4 45 2.29
Horiz. ☽ Parallaxe 59 58.17
Reduction ₃₁₅ der Abplattung 6.42

Horiz. ☽ Halbmesser		16′	20″.48
Stündliche Bewegung des ☽ in der Länge . . .		36	24.45
» » » » » Breite . . .		— 1	9.25
Polhöhe der Wiener Sternwarte	48	12	35.50
Reduction 1/305 der Abplattung		11	2.60
Reducirte Polhöhe	48	1	32.90
Gerade Aufst. d. Mitte des Himmels	15	52	7.52
Scheinbare Länge des ☽	65	50	40.83
» Breite des ☽	+ 4	11	40.83
Vergrösserter Halbmesser des ☽		16	33.12

☌ *☽ in Wien um 12ʰ 31′ 5″.37 + 1″.6301 dB m. Z.

aus dem Austritte des Sterns aus dem dunklen Mondrande.

Wird die Breiten-Verbesserung dB für Wien, wie für Bautsch, = + 0″.881, angenommen, so ist für Wien die verbesserte ☌*☽ = 12ʰ 31′ 6″.81 m. Z.

Für Prag war » » ☌*☽ = 12 23 16.77 » »
» Bautsch » » ☌*☽ = 12 36 3.53 » »

woraus sich die Meridian-Differenz

zwischen Prag und Wien = 7′ 50″.04 in Zeit, Wien östlich,
» Bautsch » » = 4 56.72 in Zeit, Bautsch östlich,
und » » Prag = 12 46.76 in Zeit, Bautsch östlich ergibt.

Da Prag von Paris, aus vielen Beobachtungen gefolgert, 48′ 20″.0 in Zeit östlich liegt, und aus der gegenwärtigen Berechnung der Bedeckung des *χ⁶ Tauri vom Monde sich eine Meridian-Differenz von + 12′ 46″.76 in Zeit ergibt; so ist die Meridian-Differenz zwischen Paris und Bautsch = 1ʰ 1′ 6″.76 in Zeit, und zwar Bautsch östlich von Paris.

Wird das Längen-Resultat von Bautsch mit Wien verglichen, und der Längen-Unterschied zwischen Wien und Paris = 56′ 10″ in Zeit, vielen Beobachtungen zu Folge, angenommen: so ist, da gemäss der vorangeschickten Berechnung Bautsch von Wien um 4′ 56″.72 östlicher liegt, die Meridian-Differenz zwischen Paris und Bautsch = 1ʰ 1′ 6″.72 in Zeit.

Wird dieser Zeitunterschied in Bogen verwandelt, so ist der Längen-Unterschied
zwischen Bautsch und Paris = 15° 16′ 40″.8
Paris von der Insel Ferro = 20 0 0.0
Also Bautsch von der Insel Ferro = 35 16 40.8

oder Längen-Differenz des Beobachtungsortes in Bautsch Nro. C. 299 von dem ersten Meridian, welcher durch die Insel Ferro gelegt wird, u. z. gegen Osten.

III. Bestimmung der Höhe von Bautsch und mehrerer anderer Orte über der Meeresfläche bei Hamburg.

Um den Höhenunterschied zwischen Bautsch und der Meeresfläche bei Hamburg, so wie aller merkwürdigeren Punkte der Strasse von Prag bis Troppau, zu bestimmen, wurden an der k. k. prager Sternwarte, und von mir auf der Reise die erforderlichen Barometer- Thermometer-Stände beobachtet.

Die Beobachtungen, so wie sie erhalten wurden, sind folgende:

1. *Planian:* Neuwirthshaus ebene Erde:
 Barometer: 27″ 2.‴57 Inn. Therm. + 14°.65; Aeuss. Therm. 18°.0
 Prag: » 27 2.88 » » + 13.2 » » 16.6

2. *Czaslau:* Gasthof am Platz I. Stock:
 27″ 0‴.72 + 14°.0 + 11°.9
 Prag: 27 3.21 + 13.0 + 13.0

3. *Goltsch-Jenikau:* Sonnenwirthshaus ebener Erde:
 26″ 9‴.96 + 11°.9 + 10°.0
 Prag: 27 4.45 + 12.9 + 10.5

4. *Deutschbrod:* Collegium I. Stock:
 26″ 9‴.50 + 14°.2 + 9°.0
 Prag: 27 6.51 + 12.8 + 10.9

5. Ober *Stecken* beim Walde an der Wasserscheide:
 26″ 3‴.25 + 7°.0 + 7°.0
 Prag: 27 7.05 + 12.5 + 10.7

6. *Iglau:* Gasthof zum schwarzen Adler I. Stock:
 26″ 9‴.08 + 10°.2 + 7°.8
 Prag: 27 9.27 + 12.1 + 8.9

7. *Gross-Meseritsch:* Pfarrgebäude:
 27″ 0‴.37 + 15°.4 + 11°.7
 Prag: 27 9.75 + 12.4 + 11.6

8. *Schwarzkirchen:* Wirthshaus I. Stock:
 27″ 3‴.28 + 11°.0 + 8°.15
 Prag: 27 7.76 + 12.15 + 8.95

9. *Brünn:* Gasthof zu drei Fürsten I. Stock:
 27″ 7‴.54 + 11°.95 + 10°.09
 Prag: 27 7.08 + 11.97 + 10.42

10. *Raussnitz:* Wirthshaus zum goldenen Löwen ebener Erde:
 27″ 5‴.33 + 13°.8 + 12°.2
 Prag: 27 6.50 + 11.8 + 9.6

11. *Triessitz:* Ebener Erde:

$$27'' \; 4'''.06 \; + \; 13°.25 \; + \; 15°.25$$
Prag: 27 6.33 + 11.8 + 11.45

12. *Ollmütz:* Gasthof zum Goliath, ebener Erde:

$$27'' \; 5'''.78 \; + \; 13°.96 \; + \; 12°.03$$
Prag: 27 6.13 + 11.7 + 10.16

13. *Lippeindorf* ober Sternberg beim zweiten Kreuz an der Strasse:

$$26'' \; 7'''.49 \; + \; 15°.5 \; + \; 15°.5$$
Prag: 27 6.57 + 11.6 + 11.9

14. *Strasse zwischen Sternberg und Andersdorf:*

$$26'' \; 4'''.17 \; + \; 15°.6 \; + \; 15°.6$$
Prag: 27 6.63 + 11.6 + 11.6.

15. *Andersdorf* an der Sauerbrunnquelle:

$$26'' \; 6'''.66 \; + \; 15°.6 \; + \; 15°.6$$
Prag: 27 6.68 + 11.8 + 14.0

16. *Hof* (Stadt) am Platz ebener Erde:

$$26'' \; 6'''.15 \; + \; 18°.0 \; + \; 16°.2$$
Prag: 27 6.67 + 12.1 + 15.0

17. *Bautsch:* N. C. 299 ebener Erde:

$$26'' \; 8'''.68 \; + \; 13°.56 \; + \; 13°.74$$
Prag: 27 7.78 + 12.4 + 13.1

18. Dorf *Laudetzky* zwischen Leikersdorf und Dorfteschen am Bache:

$$27'' \; 4'''.62 \; + \; 10°.0 \; + \; 10°.0$$
Prag: 27 8.48 + 11.7 + 9.4

19. *Troppau:* N. C. 300 I. Stock:

$$27'' \; 7'''.75 \; + \; 14°.7 \; + \; 12°.6$$
Prag: 27 8.76 + 12.0 + 12.5

20. *Hof* (Stadt) im Schattlischen Hause I. Stock:

$$26'' \; 9'''.11 \; + \; 10°.2 \; + \; 7°.2$$
Prag: 27 10.00 + 12.0 + 11.3

21. *Brünn* am Petersberge:

$$27'' \; 3'''.41 \; + \; 10°.77 \; + \; 10°.6$$
Prag: 27 4.79 + 10.8 + 9.1

22. *Sternberg:* Wirthshaus bei 3 Königen I. Stock:

$$27'' \; 5'''.41 \; + \; 12°.0 \; + \; 13°.0$$
Prag: 27 6.92 + 11.6 + 9.7

23. *Prossnitz:* Apotheke am Platz I. Stock:

$\qquad$ 27″ 5‴.32 + 12°.8 + 8°.16

Prag: 27. 6.50 + 11.9 + 12.1

24. *Wischau* am fürstlichen Schüttkasten ebener Erde:

$\qquad$ 27″ 2‴.85 + 9°.3 + 9°.3

Prag: 27. 4.37 + 11.8 + 10.9

25. *Monument an der Strasse bei Raussnitz:*

$\qquad$ 27″ 2‴.62 + 9°.0 + 9°.0

Prag: 27. 3.58 + 11.8 + 10.9

26. *Rossitz:* Pfarrgebäude I. Stock:

$\qquad$ 26″ 10‴.71 + 13°.75 + 7°.75

Prag: 27. 2.39 + 10.2 + 7.15

27. *Regens:* Posthaus ebener Erde:

$\qquad$ 25″ 9‴.87 + 8°.2 + 8°.2

Prag: 27. 1.33 + 9.8 + 8.7

28. *Branschau:* bei der Kirche, ebener Erde:

$\qquad$ 25″ 7‴.60 + 8°.0 + 8°.0

Prag: 27. 0.80 + 9.7 + 8.1

29. *Selau:* Stift I. Stock:

$\qquad$ 26″ 9‴.71 + 15°.29 + 10°.36

Prag: 27. 7.88 + 12.07 + 11.64

30. *Wlaschim:* Gasthof zum schwarzen Adler I. Stock:

$\qquad$ 27″ 0‴.80 + 11°.9 + 10°.35

Prag: 27. 6.50 + 9.3 + 9.0

31. *Nebelsberg* bei Bautsch:

$\qquad$ 26″ 1‴.79 + 15°.1 + 15°.1

Bautsch: 26. 8.53 + 15.4 + 14.0

Aus diesen nun angeführten Barometer- und Thermometer-Beobachtungen, deren erstere Pariser Fussmass und letztere Reaumur'sche Grade angeben, wurden nach der vom Direktor der k. k. Universitäts-Sternwarte Herrn *J. J. Edlen von Littrow* im Jahre 1823 bei *J. Bapt. Wallishauser* in Wien bekannt gemachten Methode, nachfolgende Höhenunterschiede der Beobachtungsorte zwischen dem Observatorium in Prag (Collegium Clementinum, II. Stock) und der See bei Hamburg in pariser Klaftern berechnet, wobei der Höhenunterschied des prager Observatoriums und der See bei Hamburg = 91,945 pariser Klafter angenommen wurde.

Nro.	Beobachtungsorte.	Uiber dem Observations-Zimmer in Prag.	Uiber der See bei Hamburg.
1	*Planian*, Neuwirthshaus zu ebener Erde	6,968	98,913
2	*Czaslau*, Gasthof am Platz, I. Stock	24,169	116,114
3	*Goltsch-Jenikau*, Sonnenwirthshaus zu ebener Erde . .	83,956	175,901
4	*Deutschbrod*, Gymnasial-Gebäude, I. Stock	120,100	212,045
5	*Steken*, beim Walde an der Gränze der Wasserscheide .	203,871	295,816
6	*Iglau*, Gasthof zum schwarzen Adler im I. Stock . .	160,987	252,932
7	*Gross-Meseritsch*, Pfarrgebäude	125,423	217,358
8	*Schwarzkirchen*, Wirthshaus I. Stock	57,075	149,020
9	*Brünn*, Gasthof zu drei Fürsten I. Stock	5,941 unter dem Observ. Zimmer	86,004
10	*Raussnitz*, Gasthof zum goldenen Löwen zu ebener Erde	17,375	109,320
11	*Triessitz*, Wirthshaus zu ebener Erde	31,743	123,688
12	*Ollmütz*, Gasthof zum Goliath, zu ebener Erde . .	6,667	98,612
13	*Lippein*, Dorf ober Sternberg bei dem 2. Kreuz an der Strasse	153,183	245,068
14	*Strasse zwischen Sternberg und Andersdorf*, zwischen der Mark $\frac{8}{80}$ und $\frac{7}{80}$	198,219	290,164
15	*Andersdorf*, an der Sauerbrunnquelle	165,717	257,662
16	*Hof* (Stadt), am Platz ebener Erde	173,617	265,562
17	*Bautsch*, Nro. C. 299 ebener Erde	149,930	241,875
18	*Laudetzky* (Dorf), zwischen Leikersdorf und Dorfteschen am Bache	48,548	140,493
19	*Troppau*, Nro. C. 300 im I. Stock	14,121	106,066
20	*Hof*, Schattlisches Haus I. Stock	166,859	258,804
21	*Brünn*, am Petersberge	17,826	109,771
22	*Sternberg*, Gasthaus bei 3 Königen im I. Stock . .	20,355	112,300
23	*Prossnitz*, Apotheke am Platz im I. Stock	2,617	94,562
24	*Wischau*, am fürsterzbischöfl. Schüttkasten an der Strasse	17,714	109,659
25	*Monument* wailand Kaisers Joseph II. an der Strasse bei Raussnitz *)	9,861	101,806

*) Als Seine Majestät wailand Kaiser Joseph II. im Jahre 1769 das Lager bei Olschan besuchte, und an der Poststrasse nicht ferne von Raussnitz bei dem Dorfe Slawikowitz einen eben auf seinem Felde arbeitenden Landmann erblickte, nahm der grosse Monarch aus den Händen des Landmannes den Pflug und zog der Länge des Ackers nach eine Furche.

Um das Andenken dieses merkwürdigen Ereignisses der Nachwelt zu sichern, errichteten die mährischen Herren Stände auf demselben Felde im Jahre 1804 einen steinernen Obelisk mit folgender Inschrift:

Nro.	Beobachtungsorte.	Uiber dem Observations-Zimmer in Prag.	Uiber der See bei Hamburg.
26	*Ressitz*, Pfarrgebäude im 1. Stock	62,081	154,086
27	*Regens*, Posthaus ebener Erde	206,242	298,187
28	*Branschau*, bei der Kirche, ebener Erde . . .	229,829	321,774

An der Vorderseite:
Josephus. II. Aug.
Castra. Olschan. Invisurus.
Hic. Solum. Exercente. Villico. Ant. Trnka. Slavikov.
Vomerem. Prehendens.
Per. Agri. Longitudinem. Sulcum. Duxit.
Reverentiam. Aratri. Exemplo. Comprobavit.
Aeternae. Memoriae. Ordines. Moraviae.
Praef. Prov. J. C. Com. a Dietrichstein.
Pos. Locum. Sacrum. Decreverunt.
MDCCCIV.
An der Rückseite:
Pios. In. Patruum.
Moraviae. Adfectus.
Laetus. Suscepit.
Ordinum. Votis. Lubenter. Annuens.
Impensas.
E. Patrimonio. Domest. Suppeditandas.
Prono. In. Gloriam. Tanti. Principis. Animo.
Benigne. Concessit.
Franciscus. II. Aug.
MDCCCIV.

Im Jahre 1835 wurde nach dem Beschluss der Mährischen Herren Stände an der bisher durch einen steinernen, dem gänzlichen Verfalle nahen Obelisk bezeichneten Stelle, zur feierlichen Erinnerung ein Monument aus Gusseisen errichtet.

Dieses Monument sammt der Gittereinfassung wurde in der rühmlich bekannten k. k. priv. Gräflich Salm'schen Eisengewerks-Fabrik zu *Blansko* in Mähren angefertigt, und der Bau des steinernen Fundamentes so wie die Aufrichtung an Ort und Stelle von derselben geleitet, zu welchem Behufe ihr die vom Professor der k. k. Akademie der bildenden Künste in Wien, *J. Klieber*, gearbeiteten Modelle des Basrelief und der Ornamente ausgefolgt wurden.

Die Modellirung aller Bestandtheile sammt Inschriften, der Kunstguss, die Vergoldung, so wie überhaupt die Zusammenstellung dieses Werkes, war die Aufgabe für die verschiedenen Ateliers dieser Fabrik, welche selbe auf die ausgezeichnetste Weise löste, und dadurch erprobte, auf welcher Stufe der Vollendung die vaterländische Industrie in diesem Zweige stehe.

Die Höhe des Ganzen beträgt sammt der aus Quadersteinen aufgeführten Plattform 21 Fuss. An der gegen die Poststrasse gekehrten Hauptfront ist das Tableau der kaiserlichen Namens-Chiffre mit Lorbeer- und Eichenlaub-Bekränzung, der Mährische Adler, sichtbar; auf den übrigen drei Seiten sind Basreliefs, eine Getraidegarbe vorstellend, auf den Giebelfeldern angebracht, unter welchen sich, nach den, den verschiedenen Ländern zugewendeten Fronten und zwar gegen Mähren eine böhmische, gegen Ungarn eine lateinische und gegen Oesterreich eine teutsche Inschrift befindet.

Nro.	Beobachtungsorte.	Uiber dem Observations-Zimmer in Prag.	Uiber der See bei Hamburg.
29	*Selau*, Prämonstrat-Stift. 1. Stock	132,221	224,166
30	*Wlaschim*, Gasthof zum schwarzen Adler im I. Stock .	77,469	169,414
31	*Nebelsberg*, bei Bautsch	235,193	327,138

Das Monument ist hohl gegossen und hat ⅛ Zoll mittlere Eisenstärke. Im Innern sind die einzelnen Haupttheile durch Rippen, Schienen und Verschraubung dauerhaft zu einem Ganzen vereinigt.

Die grossen Inschrifttafeln, das Tableau der kaiserlichen Namens-Chiffre sammt Verzierungen, der Mährische Adler und die Getraidegarben, womit die verschiedenen Felder geziert sind, im feinsten Sande geformt, wurden in voller Reinheit und Schärfe ohne alle Ciselirung lediglich aus dem Gusse gewonnen.

Der fliegende Adler, der das Monument krönt, nach einem Modell des Professors *Tieck* in Berlin hohl gearbeitet und ohne Theilung der schwierigsten Gefieder-Partien und der Extremitäten aus mehreren 100 Kernstücken geformt und in Einem Gusse ausgeführt, ist eine ausgezeichnete Kunstleistung der besagten Fabrik.

Die Gittereinfassung ist aus einzelnen Stäben mit Verzierungen der Köpfe in Lilienform zusammengesetzt, und mittelst Gesimsleisten verbunden.

Der Raum um das vom Gitter eingeschlossene Monument ist mit geriffelten gusseisernen Platten getäfelt, das Ganze schwarz lackirt und der Allerhöchste Namenszug, die dreifachen Inschriften und der Adler an der Spitze vergoldet.

Das Gewicht des Gusseisens beträgt 21594 Pfund.

Inschriften.

1. Gegen die österreichische Seite:

Kaiser Joseph II. hochehrend den Ackerbau,
den Ernährer der Menschheit,
pflügte auf diesem Felde am 19. August 1769.
Dem Andenken des trefflichen Fürsten
weihten Mährens Stände diess neu
errichtete Denkmal 1835.

2. Gegen die ungarische Seite:

Josephus II. Imp. Aug. agriculturae,
generis humani nutrici
honorem deferens hoc in agro sulcum duxit
die XIX. Augusti MDCCLXIX.
Memoriam Principis incomparabilis
Ordines Moraviae novo hoc monumento
posteris sacrum esse voluerunt.
MDCCCXXXV.

3. Gegen die mährische Seite:

Josef II. Cjsař worbu, žiwitelkyni lidského
pokolenj, w neywyššj wážnosti mage, na této
roli rozwor dělal dne
19. srpna 1769.
Stawowé Morawštj newyrownanému Cjsaři
nowý tento památnjk postawiwše
potomkům to mjsto zaswětili
1835 *).

*) Oesterr. Kais. privilegirte Wiener Zeitung, 8. Juni 1837.

IV. Topographisch-geognostische Beschreibung von dem Kammergute Bautsch im Allgemeinen und von der Stadt Bautsch insbesondere.

Das fürsterzbischöfliche Kammergut *Bautsch* gränzt im Norden und Osten mit den schlesischen Dominien Kreuzberg, Meltsch, Wiegstadtl und Gross-Glockersdorf (Troppauer Kreis); im Süden mit Sponau, Bodenstadt und Lieban; im Westen und Nordwesten mit Karlsberg und Hof im Ollmützer Kreise.

Der nutzbare Boden dieses Kammergutes erstreckt sich auf 12709 Joch und $1375^{4}/_{6}$ Quadrat-Klaftern *). Die Oberfläche ist hügelig, theilweise eben, und mitunter erheben sich auch bewaldete Berge, unter denen der *Nebelsberg* und der *Wachhübel* die merkwürdigsten sind. Für landwirthschaftliche Zwecke werden benützt, als unterthänig:

8349 Joch $248^{5}/_{6}$ Quadratklafter Aecker,
1884 » $1220^{5}/_{6}$ » Wiesen und Gärten,
494 » $564^{3}/_{6}$ » Hutweiden und Trischfelder,
1618 » $575^{5}/_{6}$ » Waldung.

Die Obrigkeit besitzt bloss an Waldung 362 Joch 1056 Quadratklafter.

Der Boden ist meist steinig, sandig oder lehmig. Gute Dammerde kömmt seltener vor, daher auch die Fruchtbarkeit desselben nicht bedeutend ist, welche durch das rauhere Klima überdiess vermindert wird. Roggen, Gerste, Hafer, Flachs und Kartoffeln gedeihen noch am besten, weniger die Hülsenfrüchte und am wenigsten der Weizen.

Die Waldung besteht aus Buchen, Linden, Fichten, Tannen, Lärchen, und theilweise aus Kiefern und Birken, und wird in zwei Reviere, nämlich in das obrigkeitliche und städtische, eingetheilt.

Die Jagd ist niederer Art, hingegen sind Füchse, Marder und Iltisse nicht selten.

Die Obstkultur beschränkt sich bloss, und diess nur in eingefriedeten Gärten, auf gemeine Obstsorten, da der edleren Obstbaumzucht weder Boden noch Klima günstig ist.

In Ermangelung der Maierhöfe unterhält die Obrigkeit keinen Viehstand. Die Unterthanen unterhalten zum landwirthschaftlichen Betriebe einen Viehstand von 162 Pferden, 500 Ochsen, 1024 Kühen, und 3145 Schafen, ingesammt von gutem Landschlage.

Mehrere Flüsse, als die *Oder*, *Mora* und der *Lobing* bespülen zwar einige Gründe dieses Gutes, gehören aber den benachbarten Dominien, deren Gränzen sie bestimmen, an; nur der *Wolfsbach* (jene alte und noch jetzt sogenannte *Budissowa*), auch *Dürre Bautsch* genannt, gehört ihm eigentlich zu. Dieser Bach entspringt am östlichen Abhange des Rothenberges, durchfliesst die Dörfer Ober- und Nieder-Gundersdorf und die Stadt Bautsch, bildet sodann eine Strecke lang die Gränze zwischen dem Prerauer und Troppauer Kreise, und tritt nochmals auf das Gut Bautsch über, von wo er der Oder zueilt.

---

*) Die Markgrafschaft Mähren, topographisch, statistisch und historisch geschildert von Gregor Wolny. I. B. Brünn 1835.

Ausser Forellen, Aalen, Hechten, Parmen u. s. w. kommen in den genannten Flüssen, obwohl seltener als ehemals, auch Fischottern vor. Teiche gibt es nicht. Die Grundel und der Krebs waren sonst häufiger als jetzt in den gedachten Wässern vorfindig.

Nebst den gewöhnlichen Handwerken, als jenen der Fleischhauer, Müller, Bäcker, Brauer, Hufschmiedte, Seifensieder, Schlosser, Schneider, Schuster, Tischler, Zimmermeister, Gärber, Färber, Drechsler, Wagner, Strumpfwirker, Hutmacher, Seiler, Kürschner, wird die Leinweberei am meisten betrieben, deren Hauptsitz in Bautsch ist, von wo aus ein nicht unbedeutender Handel mit Leinwand und gestreiften Zeugen nach Italien getrieben wurde, nun sich aber nur, vorzüglich mit Tücheln und andern gestreiften Waaren, bloss auf den Absatz in Sternberg beschränkt.

Für den Unterricht von beinahe 600 schulfähigen Kindern bestehen nebst der Normalschule in Bautsch, die Trivialschulen zu Gundersdorf, Schönwald, Altendorf und Neudorf.

Für die Armenpflege wird in diesen Orten nach Möglichkeit gesorgt, und für die Sanität bestehen in Bautsch zwei Wundärzte und eine Apotheke.

Uibrigens führen von Bautsch zwei Handelsstrassen südlich und südöstlich, die erstere über Bodenstadt, die andere über Sponau nach Weiskirch, eine dritte aber westlich in den Troppauer Kreis nach Jägerndorf. Die nächste k. k. Post ist in Hof, und in Bautsch selbst besteht eine Postbriefsammlung.

Bautsch liegt in dem nordöstlichen Theile der *Sudeten*, auch das Mährisch-Schlesische Gebirg oder *Gesenke* genannt. Das Gesenke gehört in geognostischer Hinsicht der Grauwacke oder dem Uibergangs-Sandstein an.

Von der Quelle der *Dürren Bautsch (Budissowa)* bei Gundersdorf bis nach Süden zum Berge *Horecko* (nordwestlich von Leipnik); ferner das rechte Flussgebiet der *Oder*, so wie alle dem linken Oderufer zueilenden Gewässer, haben ihre Bette und Rinnsäle in Grauwacke.

Südlich von Bautsch, bei dem Dorfe *Schönwald* und *Altwasser*, bricht ein Grauwackenschiefer, der mit Urthonschiefer die grösste Aehnlichkeit hat. Der ihn nach allen Richtungen durchsetzende Quarz, und die vielen feinen silberweissen Glimmerblättchen, die lichtere Farbe, dünnschiefrige Struktur, und der grössere Glanz auf den Schichtenflächen, zeigen, dass dieses Gebilde zwischen die Ur- und Uibergangsformation in die Mitte gestellt worden ist.

Nicht selten zeigt sich das Gestein sehr quarzig, und es wird ein aus Thonschiefer mit feinen Quarzkörnern innig gemengter Wetzschiefer, der bei der *Neueigner Mühle*, und tiefer unten bei *Neudorf* schichtenartig mit den Kanten aufstehend vorkömmt. Pflanzenabdrücke und Muschelversteinerungen scheinen der hiesigen Grauwacke fremd zu seyn.

Ausser dem angegebenen Thonschiefer und Grauwacke ist in der Umgebung von Bautsch kein Fossil oder Mineral, wenigstens in neuerer Zeit, zu Tage gefördert worden, obgleich vor etwa 700 Jahren ein starker Bergbau auf Silbererz hier getrieben wurde, wie aus den geschichtlichen Daten der Stadt Bautsch weiter unten ersichtlich werden wird, von dem aber gegenwärtig keine Spur mehr vorhanden ist.

Wie ungünstig in und um Bautsch das Klima einwirke, kann daraus gefolgert werden, dass der Seidenbast *(Daphne Mezereum)* erst am 30. März, wo er am Berge Helfenstein bei Leipnik am 1. März blüht; — dass die Heuerndte bei Bautsch am 15. Juli erfolgt, welche an der March am 1. Juni Statt findet; — dass die Feldlerche, welche bei Prerau am 11. Februar sichtbar wird, bei Bautsch erst am 30. März erscheint; dass die Bachstelze, welche bei Prerau am 20. Februar bemerkt wird, bei Bautsch und Altwasser erst am 30. April gesehen wird; — dass die Bienen, welche bei Kremsir am 5. Mai, bei Bautsch erst am 22. Juli schwärmen.

Von Getreidearten werden um Bautsch, so wie auf dem ganzen Kammergute, Korn, Gerste und Hafer, und wenig Weizen gebaut. Der Hafer wird wegen seines Gewichtes gesucht. Die Kartoffeln sind wegen des sandigen und steinigen Bodens von besonderer Güte und Geschmack. Kraut, Rüben und andere Gemüse gedeihen seltener.

Essbare Schwämme wachsen in den Laub- und Nadelwäldern um Bautsch in grosser Menge, als: Herren- und Tannenpilze, Maulrachen, Teiblinge u. s. w., und auf manchen Hutweiden auch Champignons.

Der Botaniker findet in dieser Gegend manche seltene Gebirgspflanze, als: Gemswurz *(Daronicum pardalianches)*, die Alpensternblume *(aster alpinus)*, die schwarze Niesswurz *(helleborus niger)*, das isländische Moos *(lichen islandicus)*, den gelben und gefranzten Enzian *(gentiana lutea et ciliata)*, den blauen Eisenhut *(aconitum napellus)*, die neunblättrige Zahnwurzel *(dentaria enneaphylla)*, den gelben Fingerhut *(digitalis ambigua)*, die Tollbeere *(atropa bella donna)*, den süssblättrigen Tragant *(astragalus glycyphylos)* u. a. m. Der Gebirgsbewohner kennt die Kraft dieser Pflanze, und benützt sie unter der Benennung: *wilde Sennesblätter* als purgirendes Mittel.

Ein besserer Schlag von Hornvieh, so wie veredelte Schaf- und Pferdezucht wird in diesem Gebirge vergebens gesucht.

Zahmes Federvieh wird von allen Arten für den Hausbedarf gezogen. Stand-, Strich- und Zugvögel werden hier in ziemlicher Menge gefunden.

Das Haselhuhn *(Tetrao Bonasia)*, das Birkhuhn *(T. tetrix)*, der Krammetsvogel *(Turdus pilaris)*, die Zippdrossel *(Tetrao Iliacus)*, der Krummschnabel *(loxia curvirostris)*, sind in dieser Gegend heimisch, seltener der Steinadler *(Falco chrysaëtos)*, und der Lämmergeier *(gypaetus barbatus)*.

Was den Ort *Bautsch* selbst betrifft, so liegt derselbe 3 Meilen westnordwest von Weisskirch, und 4 Meilen nordöstlich von Ollmütz am Bache »*Dürre Bautsch*« *(Budissowa)*, in einem freundlichen von Hügeln eingeschlossenen Thale.

Die Stadt Bautsch ist eine freie, unter obrigkeitlichem Schutze stehende Municipalstadt mit einem eigenen Magistrate, welcher aus einem Bürgermeister und drei Räthen besteht, davon einer geprüft seyn muss und zugleich die Syndikatstelle versieht.

Der Magistrat übt zugleich die Gerichtsbarkeit über die seit uralter Zeit der Stadt untergeordneten vier Dörfer, *Gundersdorf, Schönwald, Altendorf* und *Neudorf* aus.

Mit Einschluss der zwei Vorstädte *Nieder-* und *Oberaue*, zählt Bautsch 349 Häuser mit einer Bevölkerung von 2669 (1257 männlichen, und 1412 weiblichen) Seelen. Der Ort bildet ein längliches Viereck, hat meist fest gebaute Häuser. Die sogenannten Bürgerhäuser, deren 42 an der Zahl sind, üben das Brau- und Schenkrecht aus.

Zu den bemerkenswerthen Gebäuden gehört:

1. Die Pfarr- und Dechanteikirche, die der Himmelfahrt Mariens geweiht ist;
2. das Pfarrgebäude,
3. das Rathhaus, und
4. das Schulgebäude.

Die Pfarr- und Dechanteikirche unter dem Titel *Maria Himmelfahrt* wurde mit Bewilligung und besonderm Mitwirken Sr. Eminenz des Cardinals und Fürstbischofes von Olmütz, *Ferdinand Julius* Grafen von *Troyer* im Jahre 1747 bis 1755 ganz neu erbaut.

Die Kirche gehört der Bauart nach zu den schönsten der in der dortigen Gegend befindlichen Gotteshäuser. Bei einer Länge von 24 Klft. 4 Fuss, und Breite von 9 Klftr. 2 $^1/_2$ Fuss, und Höhe von 10 $^1/_2$ Klftr. wird das kreisförmige Gewölbe von keinem Pfeiler unterstützt.

Auf der rechten Seite des Presbyteriums ist die Sakristei, und auf der linken die Loretto-Kapelle; über beiden sind Oratorien angebracht.

In der Fronte der Kirche sind drei Thore, zu welchen man über steinerne Stufen gelangt. Uiber dem mittleren, dem Hauptthore, ist das Graf *Troyer*'sche Wappen mit der Aufschrift:

Troyerianae Pietatis Monumentum

angebracht.

In der Kirche sind sechs Altäre, und zwar

1. der Hochaltar mit dem Bildnisse der Himmelfahrt Mariä,
2. der Altar der heiligen Anna,
3. der Altar des heiligen Joseph,
4. der Altar des heiligen Johann von Nepomuk,
5. der Altar der schmerzhaften Mutter Gottes,
6. der Altar in der Loretto-Kapelle.

Neben dem Hochaltare wurden durch wohlthätige Beiträge zwei Statuen, Aron und Moyses vorstellend, unter dem Dechant Ignaz *Uhlař*, errichtet.

Der Altar der heiligen Anna ist mit einem schönen ausdrucksvollen Bilde versehen, welches der Maler Franz Joseph *Pilz* im Jahre 1778 verfertigte.

In demselben Jahre wurden durch Verwendung des Kaplans *Quitt* zwei Statuen bei diesem Altare errichtet, nämlich der heiligen Maria Magdalena und der heiligen Martha.

Das Bild des Altars des heiligen Joseph des Nährvaters, darstellend dessen Tod, ist ausdrucksvoll, und wurde im Jahre 1760 vom Maler *Plick* verfertigt. Der Dechant Justus Wilhelm Graf v. *Praschma* liess (1764—1770) aus wohlthätigen Beiträgen mehrere Verzierungen, und die Statuen des h. Joachim und des h. Zacharias bei diesem Altare anbringen.

Am Altare des heil. Johann von Nepomuk wurden die Verzierungen unter dem Dechante Johann *Mathiatko* von Wohlthäteren, unter denen Franz und dessen Ehegattinn Theresia *Walter* die vorzüglichsten waren, angeschafft. Das Altarbild des heil. Johann von Nepomuk ist von einem unbekannten Maler verfertigt.

Der Altar der schmerzhaften Mutter Gottes. Das Bildniss ist Bildhauerarbeit. Der Verfertiger desselben ist unbekannt. Die Staffirung und die Verzierungen wurden aus wohlthätigen Beiträgen unter dem Dechante Johann *Mathiatko* (1782—1795) angebracht.

Am 12. Juni 1756 wurde diese Kirche von Sr. Eminenz dem Cardinal Fürstbischof Grafen von *Troyer* sammt drei Altären, nämlich dem Hochaltar, dem Altar der heiligen Anna und des heiligen Joseph, konsekrirt.

Uiber der Sakristeithüre, welche in die Kirche führt, befindet sich nebst dem Graf *Troyer*'schen Wappen in goldenen Buchstaben die Inschrift:

Ad Perpetuam Rei Memoriam
Anno MDCCLVI. DIE XII. Junii
Eminentissimus et Altissimus Dnus.
Dominus Ferdinandus Julius
Div. Mis. S. R. E.
Presbyter Cardinalis de Troyer
Protector Germaniae, Episcopus Olo-
mucensis, Dux, S. R. J. Princeps. Regiae
Capellae Bohemiae Comes, utriusque
Suae Caesareo-Regiae Majestatis
actualis intimus Consiliarius etc. etc. etc.
Has aedes sua munificentia constructas
Consecravit.

Der Altar des heiligen Johann von Nepomuk wurde im Jahre 1769, und die Altäre der schmerzhaften Mutter Gottes und in der Loretto-Capelle im Jahre 1773 vom Olmützer Weihbischofe Graf *Scherffenberg* konsekrirt. Die Urkunden dieser Konsekrationen befinden sich in den Altären.

Im Jahre 1762 wurde in dieser Kirche vom Freiherrn *Schubir* von *Chobinie* ein Kreuzweg mit 14 grossen Gemälden, das Leiden unseres Erlösers Jesu Christi vorstellend, errichtet. Die Gemälde sind von Franz Jos. *Pilz*.

Die Orgel wurde unter dem Dechante und Pfarrer *Joseph Schnörich* im J. 1758 von *Johann Georg Schwartz*, Orgelbauer in Stadt Liebau, gebaut. Sie hat 19 Register: Manuale 9, Positiv 6, Pedal 4 — — — 16 Fuss.

Die Kirche sammt dem Kirchhofe war bis in die neueste Zeit mit einer Mauer eingefriedigt. Da aber ein neuer Begräbnissort ausser der Stadt im Jahre 1784 ausgemittelt wurde, sonach in der Nähe der Kirche keine Grabstätten mehr Statt finden, so wurde die gedachte Mauer abgebrochen und die Kirche frei gestellt.

Auf den zwei kuppellosen Thürmen der Kirche befinden sich fünf Glocken, von denen die grösste 11 Zentner und 1 Pfund wiegt, und zu Ehren des heiligen Kreuzes, der

Heiligen: Georg, Gotthard, Johann und Paul von dem Weihbischofe von Olmütz, Grafen *v. Scherfenberg*, am 1. Aug. 1768 geweiht wurde.

Die Inschrift dieser Glocke lautet:

Per tuam gloriosam ascensionem ora pro nobis
sancta Dei Genitrix.

Consules
- *Jacobus Tell*
- *Laurentius Heinrich*
- *Matthaeus Hunheisser*

Judex: Georgius Schneider
Syndicus: Elias Schneider

Aeditui
- *Joannes Losert*
- *Joannes Lintner*

Anno Domini 1768.

Die zweite von 4 Zentner 21½ Pfund wurde gleichfalls von dem Olmützer Weihbischofe Grafen *v. Scherfenberg* am 22. Nov. 1769 zu Ehren des heiligen Kreuzes, des heiligen Prokop und Florian geweiht.

Die Inschrift dieser Glocke ist folgende:

Protege beate Georgi patrone noster electe Budischovium.
Reverendissimus et Illustrissimus Comes Praschma,
Praepositus Infulatus (Veteroboleslaviensis in Bohemia),
Can. Dec. et Par. Budischoviensis.
Hanc Olomucii Straub fudit.

Die dritte Glocke von 1 Zentner 49 Pfund Gewicht (Sterbeglöckchen) wurde gleichfalls vom Olmützer Weihbischofe Grafen *v. Scherfenberg* am 1. Aug. 1768 zu Ehren des heiligen Kreuzes, der heiligen Barbara und der Heiligen Florian und Laurenz geweiht.

An dieser Glocke befindet sich folgende Aufschrift:

Hanc Olomucii Straub fudit.
Sancta Barbara, Patrona dilecta, morienti
in Agonia pie et benigne subveni.

Die vierte Glocke von 41¾ Pfund wurde am 22. Sept. 1770 zu Ehren der Heiligen Franz Xaver, Ignaz, Florian und Laurenz von dem Olmützer Weihbischofe Grafen *v. Scherfenberg* geweiht.

Die an dieser Glocke angebrachte Inschrift lautet:

Hat mich gegossen Georg Zwengen
von Ollmütz Sancti Donati.

Die fünfte Glocke von 5 Zentner 67 Pfund wurde am 29. Dezemb. 1803 von dem Olmützer Weihbischofe, Aloys Grafen *v. Kolowrat-Krakowsky* geweiht.

Die Inschrift lautet:

In honorem S^{ti} Floriani sacrata Olomucii 1803.
Sub Consule Josepho Urban,
Syndico Joanne Weiss,
Praeposito Hausner,
fueram a Straub praefusa in annis.

Patron dieser Kirche ist der Olmützer Fürst-Erzbischof als Herr des Kammergutes Bautsch.

Die ununterbrochene Reihenfolge der Pfarrer und Dechante von Bautsch seit dem Jahre 1633 bis auf gegenwärtige Zeit ist folgende *):

1. *Johann Kunerus* wurde für die Pfarre *Bautsch* und *Altendorf* investirt im J. 1633.

2. *Melchior Franz Nitrix*, Protonotarius Apostolicus, wurde Pfarrer und Dechant 1659.

3. *Gualbertus Ignatius Lystinek* wurde als Pfarrer und Dechant im J. 1668 investirt, war früher Pfarrer in Bährn. Von ihm sind die *ersten Matriken* und zwar vom J. 1670 verfasst. Seiner Zeit gehörten zum Bautscher Dekanate: Hof, Bährn, Habicht, Deutschhausen, Domstadtl und Kunzendorf. Er lebte auf der Pfründe 17 Jahre und starb im J. 1685.

4. *Valentin Harnisch*, ehedem Pfarrer zu Gundersdorf, wurde investirt am 20. März 1685. Er errichtete eine Messstiftung und starb als Dechant im J. 1689.

5. *Severin Franz Zeiske*, Canonicus der brünner Collegiatkirche, *auratae militiae eques, et aulae Lateranensis et sacri palatii Comes*, wurde Pfarrer und Dechant im J. 1689 und wurde im J. 1691 nach Hotzenplotz befördert.

6. *Franz Thaddäus Maurer*, zuvor Pfarrer in der Stadt Liebau, erhielt die Pfarre in Bautsch am 23. April 1691, wurde auch Dechant, und starb im J. 1715.

7. *Karl Sebastian von Zeno und Denhausen*, seit dem Jahre 1707 Pfarrer zu Liebau, wurde Pfarrer und Dechant in Bautsch am 9. April 1715. Unter ihm wurde wahrscheinlich das jetzige Pfarrhaus erbaut. Er starb am 30. April 1746.

8. *Johann Bapt. Graf Pergen*, Domicilar-Canonicus zu Olmütz, wurde investirt am 23. Mai 1746. Er war zugleich Dechant. Unter ihm wurden die ersten Anstalten zur Erbauung einer neuen Kirche getroffen. Graf *Pergen* wurde im J. 1749 nach Holleschau befördert, und starb im hohen Alter als Bischof von Mantua im J. 1807.

9. *Joh. Franz Michael Neumann*, J. U. D., gebürtig von Freudenthal, zuvor Dechant in Odrau, wurde investirt am 17. Apr. 1749. Er war zugleich Dechant. Unter ihm wurde der Kirchenbau fortgesetzt. Er wurde im J. 1752 nach Schönberg befördert.

10. *Jos. Schnörich*, von Grätz in Schlesien gebürtig, war zuvor Vicedechant und Pfarrer in Hof, wurde Pfarrer und Dechant zu Bautsch am 7. März 1752. Unter ihm erfolgte die Vollendung des Kirchenbaues und die feierliche Consecration der neuen Kirche, welche der Cardinal und Fürstbischof von Olmütz, Graf *Troyer*, wie bereits erwähnt wurde, im J. 1756 vollzogen hat.

Schnörich, welcher *Protonotarius apostolicus* und *Notarius publicus juratus curiae et aulae episcopalis Olomuc.* war, ging zwei Jahre nach der erwähnten Consecration mit Tod ab im J. 1758.

11. *Wenzel Kligel*, gebürtig von Wagstadt, wurde zuvor Pfarrer und Dechant in Wisowitz, und in derselben Eigenschaft für Bautsch am 12. Jäner 1759 investirt, und starb am 30. Juni 1761.

*) Capitel-Archiv in Olmütz.

12. *Franz Sales Freiherr Schubiř v. Chobinic*, gebürtig von Olmütz, *Canonicus domicilaris* in Olmütz, wurde 1760 zum Priester geweiht und als Pfarrer und Dechant von Bautsch am 31. Okt. 1761 ernannt.

Unter ihm wurden die oben erwähnten 14 Stationen des Kreuzweges in der Kirche errichtet. Nach ungefähr 2¼ Jahren wurde er nach Müglitz befördert. Später bezog er die Residenz in Olmütz, wurde Kanzler der dortigen Universität und verwaltete diese Würde auf das rühmlichste.

13. *Justus Wilhelm Graf Praschma*, Canonicus von Breslau, Liebling des breslauer Fürstbischofs Grafen *Schaffgotsch*. Er floh mit ihm aus Schlesien, und suchte in den österreichischen Staaten Schutz, welchen er auch fand. Er erhielt die Probstei St. Cosmae und Damiani zu Altbunzlau in Böhmen, und nebst dieser Präbende die Pfarre zu Bautsch, für welche er am 17. Juli 1764 investirt wurde. Er resignirte die zuletzt genannte Pfründe nach 6 Jahren (1770) und ging als Erzpriester nach Friedek, wo er auch die Würde eines Officialis der Breslauer Diöcese, k. k. Antheils von Schlesien, erhielt. Beide diese Stellen gab er nach 16 Jahren auf und genoss der Ruhe bis zu seinem Tode, welcher im J. 1795 erfolgte.

14. *Anton Graf Vetter von der Lilie*, Canonicus domicilaris von Olmütz, wurde Pfarrer und Dechant am 27. Okt. 1770. Unter ihm wurden die neue Kanzel, der Tabernakel des Hochaltars und die Oratorien erbaut und eingerichtet. Er resignirte die Pfründe und bezog seine Canonical-Residenz in Olmütz im J. 1778, wurde hierauf Archidiaconus an der Domkirche daselbst und starb am 22. Jänner 1806. In seinem Testamente verordnete er ein Anniversarium in der Bautscher Pfarrkirche.

15. *Ignaz Land*, gebürtig von Ungarisch-Hradisch, war zuvor Pfarr-Administrator zu Hostein, wurde Pfarrer und Dechant in Bautsch am 30. Juli 1778 und starb im J. 1782.

16. *Johann Mathiatko*, gebürtig von Moschtienitz, war früher Dechant und Pfarrer in Wisowitz, wurde für Bautsch investirt am 25. Juli 1782. Er erhielt im J. 1795 einen Administrator, hat sein 50jähriges Priester-Jubiläum erlebt und starb am 10. Mai 1799.

17. *Ignaz Uhlař*, gebürtig von Friedland, war früher Dechant und Pfarrer zu Mistek, wurde für Bautsch am 17. Juli 1799 investirt. Er brachte das Pfarr- und dechantliche Archiv in Ordnung und wurde im J. 1805 nach Müglitz befördert.

18. *Philipp Mohrweiser*, geboren zu Constanz am Bodensee, war früher Cooperator in Schnobolin, dann Ceremoniär des Cardinal-Fürsterzbischofs von Olmütz, Grafen *von Colloredo-Walsee*, und wurde für Bautsch am 22. Sept. 1805 investirt. Bald darauf erhielt er die Würde des Dechants und Schul-Inspektors, und starb im blühenden Alter von noch nicht 30 Jahren am 27. April 1807.

19. *Anton Ludwig Weiss*, gebürtig von Katscher, war früher Cooperator in Vhröm, erhielt im J. 1798 den Ruf als Consistorial-Sekretär nach Olmütz, wurde fürsterzbischöflicher Rath und Consistorial-Assessor im J. 1803, bereiste bei den abgehaltenen General-Visitationen den grössten Theil der Erzdiöcese, und wurde für die Bautscher Pfarre am 6. Juni 1807

investirt und erhielt zugleich das dechantliche und Schulaufseher-Amt. Er wurde am 14. Juni 1809 nach Müglitz als Erzpriester befördert.

20. *Franz Scholz*, gebürtig von Braunseifen, war früher Cooperator in Ptin, später Lokalkaplan in Balkowitz, dann Vice-Vorsteher des Olmützer fürsterzbischöflichen Seminars, Dechant und Pfarrer in Mistek, und wurde auf Bautsch in gleicher Eigenschaft am 22. Juni 1809 investirt, wobei ihm die Schul-Inspektion übertragen wurde. Am 1. Febr. 1825 wurde er als Erzpriester nach Müglitz befördert, wo er im J. 1839 sein fünfzigjähriges Priester-Jubiläum feierte. Die Gabe der geistlichen Beredsamkeit hat er in einem hohen Grade werkthätig bezeugt.

21. *Joh. Bapt. Rotter*, von Jägerndorf in Schlesien gebürtig, war früher Cooperator in Müglitz, Schlosskaplan in Mürau, Pfarrer in Allerheiligen, und wurde für Bautsch am 2. Mai 1825 investirt, und zugleich zum Dechant und Schul-Inspektor ernannt, welche Aemter er noch bis gegenwärtig mit allem Eifer und Liebe versieht.

Nebst dem jeweiligen Pfarrer und Dechant versehen noch ein Kaplan und ein Cooperator die Seelsorg-Verrichtungen und den Religions-Unterricht in der Schule, so wie in dem nahe gelegenen Dorfe *Schwansdorf*, das seit dem 9. Juli 1785 nach Bautsch eingepfarrt ist, früher aber der Wigstädter Pfarre zugetheilt war.

Dem Bautscher Dekanate unterstehen die Pfarren: Gundersdorf, Liebau, Altwasser, Wigstadt; die Lokalien: Altendorf, Bernhau, Dittersdorf, Liebenthal, Grossglockersdorf, Milbes, Rudelzau, Schönwald und Waltersdorf.

Die Filialkirche zu Schwansdorf ist auf liegende Gründe dotirt. Auf dem Thurme derselben befinden sich drei Glocken, davon die

erste von 6 Zentner Gewicht die Aufschrift enthält:

Tento zwon slit gest pomoczy bosku
obcze Swatonowske. Leta Panie 1611.

Unten:

Ut sacras aedes adeas, ut funera plangas,
Ut genibus flectas, me resonare scias.

Die *zweite* von 3 Zentner mit der Inschrift:

In honorem St. Trinitatis et Sancti Joannis
et Pauli et Sancti Jacobi. Orate pro nobis.

Unten folgen die Bildnisse der genannten Heiligen.

Fusa a Wolfgango Straub Olomucii.
Vivente Carolo Mätzner, Parocho Wigstadiensi Refusa fui
Jakob Müller, Richter derzeit in Schwansdorf 1775.

Die *dritte* von 2 Zentner mit der Umschrift:

Gloria Patri, et Filio et Spiritu Sancto.
Bildniss Mariae.

Das Pfarrgebäude in Bautsch war im J. 1714 in einem so schlechten Bauzustande, dass der Dechant auf dem Rathhause zu wohnen bemüssiget war, und die Rathssitzungen in dem Hause des Bürgermeisters abgehalten werden mussten. Zur Vermeidung dieser Unzukömmlichkeiten hat der damalige Cardinal und Fürstbischof zu Olmütz, *Wolfgang Hannibal Graf von Schrattenbach*, am 18. Apr. 1730 an das Olmützer Fürstbischöfliche Consistorium den Auftrag erlassen, den Zustand des gedachten Pfarrhauses commissionaliter zu untersuchen, und dessen Herstellung zu veranlassen.

Die Commission, welche unter der Leitung des Bodenstädter und Habichter Pfarrers *M. Jos. Tonberger* am 12. Mai 1730 abgehalten wurde, bestätigte, dass das Pfarrhaus unbewohnbar und dem Einsturze nahe sei.

Nach längeren Verhandlungen erbaute die Stadtgemeinde auf ihre Kosten das gegenwärtig ein Stockwerk hohe, schöne und geräumige Pfarrgebäude, welches im J. 1734 zur Vollendung gebracht wurde, wofür die besagte Gemeinde, laut ihres Ansuchens vom 23. Aug. 1734, ewighin ein Gedächtniss haben wird.

Das Rathhaus wurde auf Kosten der Stadtgemeinde in den Jahren 1711 und 1712 im Betrage von 1655 fl. erbaut.

Für den Unterricht besteht in Bautsch eine Normalschule von zwei Klassen. Das Schulgebäude wurde von der Bautscher Stadtgemeinde, die auch Patron ist, um das Jahr 1786 erbaut.

Zur Aufnahme von 10 bis 12 alten, gebrechlichen und armen Bürgern ist hier ein Spital gestiftet, dessen Stammvermögen 7287 fl. W. W. beträgt.

Ausser dem werden noch 40 Arme von den Interessen eines Kapitals von 711 fl. alljährig unterstützt.

Auf dem nahen Berge (Kirchelberg genannt), an der Strasse nach Altwasser, bestand bis zum Jahr 1786 eine kleinere Kirche unter dem Titel der *Kreuzerhöhung*, welche aber im gedachten Jahre entweiht, meistbietend verkauft, und in ein Wohnhaus umgestaltet wurde, woran aber die frühere Bestimmung dieses Gebäudes noch heut zu Tage nicht zu verkennen ist. Diese kleine Kirche wurde im J. 1705 von Wohlthätern erbaut und erhielt vom Olmützer Fürstbischofe *Karl Herzog von Lothringen*, laut Dekret vom 22. Nov. 1706, die Erlaubniss, dass, mit Ausnahme der Sonn- und Feiertage, darin heil. Messe gelesen werden könne.

Das Vermögen dieser kleinen Kirche hat im J. 1771 68 fl. 3 kr. *) und im J. 1781 89 fl. **) betragen, welches sammt dem Erlös für das Gebäude eingezogen wurde.

Ausser den angeführten zwei Kirchen bestehen noch drei *Kapellen*, eine an der Stadtbrücke, die andere an der Strasse nach Troppau, und die dritte an der Strasse nach Olmütz.

Auf dem Ringe befindet sich
    a) die Statue des heil. Johann von Nepomuk, und
    b) des heil. Florian.

---

*) Bericht der bischöflichen Visitation vom J. 1771.

**) Bericht an die k. k. Hofkommission in milden Stiftungssachen. Vom Stadtpfarrer und Landdechant *Ignaz Jos. Land*, im J. 1781.

Die erstere wurde von *Martin Joseph Gromes*, Syndicus in Bautsch, im J. 1715 errichtet, und eingeweiht von *Karl Sebastian de Zeno*, Pfarrer und Dechant in Bautsch und Canonicus in Kremsir, am 23. Mai 1715.

Die Statue des heil. Florian wurde von *Johann Heinrich* im J. 1769 errichtet, und hat die Aufschrift: *S. Floriane ora pro nobis*.

Auf der steinernen Brücke auf dem Wege nach Altwasser befindet sich die Statue des heil. Johann von Nepomuk, welche von Wohlthätern im J. 1725 errichtet wurde, und führt die Aufschrift: *S. Joannes ora pro nobis*.

Eine steinerne Statue der unbefleckten Empfängniss der seligsten Jungfrau Maria, von besonders schöner Arbeit. Sie steht vor dem ehemaligen *Franz Walter*'schen Hause. Auf dem Piedestal derselben ist der ganze englische Gruss eingehauen. Dann folgt:

»1795 liess Johann Heinrich diese Statue zu Ehren Mariä errichten, der am 22. Okt. 1792 im 68. Jahre seines Alters gestorben ist« [*]).

Das Kreuz auf dem Friedhofe, von Stein, 1½ Klafter hoch, unter welchem das Bildniss der schmerzhaften Mutter Gottes angebracht ist, wurde von *Franz* und *Theresia Walter* im J. 1784, als der Friedhof an jenen Ort verlegt wurde, errichtet.

Es befindet sich ferner in Bautsch ein Bräu- und Branntweinhaus. Durch einen Vertrag mit der Grundobrigkeit vom 27. Mai 1826 wurde der Stadt Branntwein zu brennen und auszuschenken gegen einen bleibenden Zins von jährlich 120 fl. C. M. überlassen und der Zinsertrag von 8 Thalern mährisch, welcher für jeden im Betriebe stehenden Kessel an die Olmützer Renten abgeführt werden musste, aufgehoben.

Ein Theil der Bewohner der Stadt lebt von dem Betriebe der Gewerbe, unter denen die Lein- und Baumwollen-Weberei das wichtigste ist. Die von 200 diessfälligen Meistern erzeugte Leinwand, Tüchel, baumwollene Zeuge und Trilliche werden theils auf den Märkten, theils in den benachbarten Oertern, und vorzüglich in Sternberg abgesetzt.

Ein anderer Theil der Bürger beschäftigt sich ausschliesslich mit der Landwirthschaft, zu deren Betriebe 2292 Joch 906 4/6 Quadrat-Klafter Aecker, 520 Joch, 1128 Quadrat-Klafter Wiesen und Gärten, 89 Joch, 36 Quadrat-Klafter Hutweiden und 578 Joch, 310 Quadrat-Klafter Waldung, nebst einem Viehstande von 111 Pferden, 180 Ochsen, 406 Kühen und 879 Schafen verwendet werden.

Laut eines von der Stadt Bautsch im J. 1652 abgeforderten und unterm 18. Dez. n. J. erstatteten Berichtes bestanden damals 8 Handwerkszechen daselbst, deren jede ihre eigenen Zechartikel hatte, und zwar:

1. Die *Schuhmacherzunft* mit der Zechordnung vom J. 1628, welche die gesammte Zeche entworfen und der Bautscher Rath bestätigt hat, wodurch die alte Zechordnung von *Lübschütz* de dato den Dienstag nach Luciae 1516, die nicht mehr passend befunden wurde.

---

[*]) Eigentlich liess *Theresia Walter* diese Statue errichten, und aus Bescheidenheit schrieb sie die Errichtung derselben ihrem verstorbenen Bruder *Johann Heinrich* zu.

aufgehoben worden ist. Die eben erwähnte alte *Lübschützer* Zechordnung war vom Olmützer Bischofe *Stanislaus Thurzo* am Montage in den Osterfeiertagen des Jahrs 1517 bestätigt worden.

Diese Zunft erhielt im J. 1657 vom Bischofe in Olmütz, Erzherzog *Leopold Wilhelm*, Zechartikel, vermöge welchen ihr das Recht zugestanden wurde, Meister nach Belieben aufzunehmen.

Um das J. 1730 sollte sie auf allergnädigst ergangenes kais. Patent und obrigkeitlichen Befehl neue Zechartikel von der Hauptzeche in Kremsir annehmen, wodurch sie in dem Rechte, Meister nach Belieben aufzunehmen, beschränkt und die Zahl der Meister auf 24 durch Absterben vermindert werden sollte. Die Zeche hat dagegen dem Bautscher Magistrate ein Gesuch um Verwendung und Abhilfe überreicht, das jedoch einzig und allein vorfindig ist.

2. Die *Schmiedzeche*. Für diese bestand im J. 1652 die von dem Lübschützer Stadtrath unterm 1517 Mittwoch vor Brigitta mitgetheilte, in letzterer Stadt geltende Zechordnung, welche vom Bischofe *Stanislaus Thurzo* am Ostermontage 1517 bestätigt wurde. Die Meisterstücksartikel hat die Bautscher Schmiedzeche entworfen, und wurden von dem dortigen Magistrate bestätigt, wie auch mit dem Stadtsigill bekräftigt.

3. Die *Leinweberzeche*. Sie hatte die Lübschützer Zechordnung, welche ihr am Dienstage vor Agnes 1524 mitgetheilt worden ist. Die Meisterstücksartikel der Lübschützer Zeche wurden von dem dortigen Magistrate der Bautscher Zeche mitzutheilen gleichfalls erlaubt am 17. Febr. alten Kalenders des J. 1584.

4. *Die Kürschnerzeche*. Im J. 1640 ersuchte diese Zeche mit Genehmigung des Bautscher Magistrates die Olmützer Zeche, damit sie in selbe aufgenommen und ihr die Zechordnung zur Darnachachtung mitgetheilt würde, welches ihr mit Bewilligung des Olmützer Stadtrathes zugestanden und die Zechordnung unterm 11. Okt. 1640 zugesendet worden ist. Diese Zunft hatte von Alters her die Zechordnung von der Oberzeche der Stadt Leobschütz, welche aber bei dem Einzuge der schwedischen Armee in Bautsch im J. 1642, welche den Ort in Flammen setzten, nebst andern Zechsachen auch verbrannt wurden.

5. Die *Binder-, Tischler- und Wagner-Zeche*. Diese beobachteten neben der Leobschützer Zechordnung auch einige von ihnen selbst entworfene, und vom Bischofe *Stanislaus Pawlowsky* unterm 7. Febr. 1592 bestätigte Zechartikel. Dieser Bischof verlieh diesen drei Zechen ein Gesammtsiegel, mit den Werkzeugen der drei Handwerke versehen.

6. Die *Fleischerzeche*. Diese hatte eine von ihr selbst entworfene, und vom Olmützer Bischofe *Markus* am Mittwoch vor St. Bartholomäi 1558 bestätigte Ordnung beim Verkaufe des Fleisches und bei der Freiung (Freimarkt). Diese Zechordnung wurde aber durch das kais. Reskript vom 20. Okt. 1738 aufgehoben.

7. Die *Schneiderzeche* hatte die Leobschützer Zechartikel, welche ihr am 22. Juli 1528 mitgetheilt und vom Bischofe *Stanislaus Thurzo* am Montage nach Dreifaltigkeit 1530 bestätigt worden ist.

8. Die *Bäckerzeche*, deren Zechordnung aber im Berichte vom J. 1652 nicht enthalten ist.

Die Bevölkerung der Stadt, so wie des ganzen Kammergutes Bautsch ist teutscher Zunge und bekennt sich zur katholischen Religion.

Auf dem städtischen Gebiete betreibt der Fluss *Mora* eine Mühle mit drei Gängen, ein Stampfwerk und Brettsäge (Kaltenseifmühle); die *dürre Bautsch* betreibt drei Mühlen, wovon zwei in der Stadt sich befinden, und jede *zwei* Gänge nebst einem Stampfwerk hat. Die dritte ist ¼ Stunde von Bautsch entfernt und hat nur *einen* Gang nebst einer Brettsäge. Sie sind überhaupt emphyteutisch verkauft.

V. Historische Notizen von der Stadt Bautsch.

Ueber die erste Gründung der Stadt Bautsch (mährisch: *Budišow*) kann zwar nichts Zuverlässiges angegeben werden: doch dürfte, wie es in der Vorzeit meistens geschah, die Klostergeistlichkeit des Stiftes Hradisch bei Ollmütz zur Urbarmachung auch dieser Gegend, des *Gesenkes* und zur Erbauung der dort gelegenen Städte, Märkte und Dörfer das Meiste beigetragen haben; denn zufolge der Stift-Hradischer Urkunde vom J. 1203 *) hat Markgraf *Heinrich Wladislaw*, Gründer des Stiftes Welehrad (1219) dem Hradischer Stifte einen weit ausgedehnten Wald, nach den ihn durchfliessenden Bach »Střelna« benannt, zwischen den Flüssen *Oder* und *March*, mit dem Befugniss geschenkt, ihn ausrotten, und Städte, Märkte und Dörfer anlegen zu dürfen **); unter welchen aller Wahrscheinlichkeit nach auch Bautsch begriffen werden könne, da die Abtei Hradisch, Bautsch und Waltersdorf um das J. 1290 dem Ollmützer Domkapitel abgetreten hat, nachdem die genannte Abtei schon früher, im J. 1282, an *Wok v. Krawař* 5½ Lahn auf Lebenszeit vom Bautscher Bezirke überlassen hatte ***).

König Wenzel II. hat zwar die Bezirke von Bautsch und Waltersdorf an sich gezogen, stellte aber dieselben, laut Urkunde vom 20. Juni 1305, kurz vor seinem Tode, denn er starb am 23. Juni 1305, dem Olmützer Domkapitel wieder zurück †).

Von dieser Zeit blieb Bautsch und Liebau (*Lubawia*) ein gemeinsames Gut für die Bischöfe und für das Domkapitel in Olmütz, bis endlich 1323 zwischen dem Bischofe *Konrad* und dem Kapitel eine Uebereinkunft abgeschlossen wurde, gemäss welcher der Genuss der Einkünfte der gedachten zwei Güter genau bestimmt wurde ††), woraus zugleich ersichtlich wird, dass Bautsch und das nahe Liebau schon im J. 1320 †††) zu den Kammergütern des Bisthums gehörten, bei welchem es verblieb, obschon der jedesmalige Domdechant einigen Zehent von Bautsch, Liebau und Domstadtl bezogen hat.

*) ddto. VIII. Kal. Mart. in annal. Gradic.
**) Die Markgrafschaft Mähren, topographisch-statistisch und historisch geschildert von *G. Wolny*. Brünn 1835. I. B. 453. S. Urkunde vom 17. Dez. 1274.
***) ddto in Oppav. VI. Kal. Sept. in annal. Gradic.
†) Urkunde vom 20. Juni 1305.
††) Urkunde vom 3. Apr. 1320.
†††) Augustini Olomucensis series episcop. Olomuc. 1835. p. 96.

Ueber den Ursprung des Namens *Bautsch* (*Budissow*) herrschen vorzüglich drei Meinungen; einige Geschichtsforscher glauben, dieser Ort hätte seine Benennung von dem Kloster-Hradischer Abte *Budiss*, zu dessen Zeiten die Gegend um Bautsch urbar gemacht wurde, erhalten; andere leiten ihn von den Bauden jener Bergleute, welche hier auf Silber gearbeitet haben; noch Andere sind der Meinung, dass der Bach, die dürre Bautsch (*Budissowa*), welcher die Stadt durchfliesst, zur besagten Benennung Anlass gegeben habe.

Sicher ist es, dass Bautsch von altersher eine Bergstadt sei, da sie in ihrem Wappen eine Keilhaue und einen Berghammer führt und gegenwärtig noch dem Berggerichte in Kuttenberg in Böhmen untersteht, obschon keine Spur vom Bergbaue mehr wahrgenommen wird. Dass sowohl die Landesfürsten als auch die Grundherren für das Emporbringen der Stadt Bautsch vielfach gesorgt haben, dürfte aus nachfolgenden Privilegien und Handvesten, welche von Zeit zu Zeit der Stadt ertheilt worden sind, ersichtlich werden.

Vor dem Jahre 1389 scheint das Vermögen der Bewohner von Bautsch, welche in Ermanglung natürlicher Erben starben, der Grundobrigkeit, d. i. dem Olmützer Bischofe, anheim gefallen zu seyn. Um dieses altherkommliche Recht zu umgehen, wanderten viele derselben in das nahe gelegene Schlesien und in andere Provinzen aus, wo sie mit ihrem Vermögen frei disponiren konnten. Dadurch geschah es natürlich, dass die Stadt ihrer bemittelteren Einwohner verlustig, und sonach der Wohlstand geschmälert wurde. Um diesen Auswanderungen ein Ziel zu setzen, ertheilte der Bischof von Olmütz, *Nicolaus*, im J. 1389 den Bewohnern der Stadt Bautsch das Privilegium, in Ermanglung natürlicher Erben ihr Vermögen an die nächsten Befreundeten zu vererben*).

Im J. 1518 verlieh König Ludwig der Stadt Bautsch ein Privilegium über zwei achttägige Jahrmärkte, als den ersten auf den nächsten Tag nach St. Georg, und den andern auf St. Andreas-Tag **); ebenso bewilligte König Ludwig im J. 1526 der Stadt einen Wochenmarkt an jedem Sonnabende zu halten ***).

Der Bischof *Stanislaus Thurzo* überliess im J. 1538 der Stadt die zwei wüsten Dörfer: Miltschendorf und Halbendorff mit allen Zugehörungen, die Wälder ausgenommen, mit der ausdrü___en Bedingniss, dass die Einkünfte dieser beiden Dörfer zur Verbesserung der d___en Kirche, des Pfarrhofes und Nutzen der Stadt gegen Pflegung ordentlicher Rechnung angewendet werden sollen †).

In Folge einer Concession vom Bischofe *Marcus* (Kremsir am Montage, als des heil. Joannis Baptistae Enthauptung 1558) wurde der Stadt Bautsch ein Wochenmarkt an dem Sonnabend dergestalt ertheilt, dass auf solchem Wochenmarkt jeder Insass oder Fremde allerlei Sachen, vorzüglich das Fleisch zuzuführen, zu kaufen und zu verkaufen, die volle Freiheit haben solle ††).

---

*) Urkunde vom 7. Dec. 1389.
**) Urkunde vom 11. Nov. 1518.
***) Urkunde vom 17. Jan. 1526.
†) Urkunde vom 14. Nov. 1538.
††) Urkunde vom 29. Aug. 1558.

Von eben dem Bischofe *Marcus* (Olmütz am Mittwoch nach St. Joannis des Täufers 1558) wurde der Consens und die Confirmation über die von der Stadt Bautsch erkaufte, von dem verstorbenen *Wenzel Hatlak von Prachatitz* nachgelassene Vogtei sammt Grundstücken mit allen Zugehörigen, zum Nutzen der dortigen Stadtgemeinde, ausgefertigt *).

Zur Emporbringung des Viehstandes bewilligte der gedachte Bischof (Kremsir am Dienstag nach St. Aegidii Tag 1560) der Stadt Bautsch den gemeinen Vieh-Trieb und Weide in dem in der Concession bestimmten Bezirke **).

Der mehrbemeldete Bischof *Marcus* (Kremsir am Mittwoch vor St. Matthaei 1564) bewilligte der Stadt Bautsch einen Jahrmarkt auf den ersten Montag vor Sti. Matthaei ***).

Der Bischof *Joannes* bestätigte das von seinem Vorfahr *Nicolaus* im Jahre 1389 ertheilte Privilegium, vermög welchem den Bürgern zu Bautsch in Ermanglung natürlicher Erben, ihr Vermögen den nächsten Befreundeten zu verlassen dergestalt bewilliget worden, dass die Erben und nächsten Befreundete nach erfolgtem Tode und erhaltener Erbschaft Jahr und Tag in der Stadt persönlich zu verbleiben und zu wohnen schuldig seyn sollen. (Kremsir, am Tage des heil. Andreas, den letzten November 1577) †).

Von eben diesem Bischofe *Joannes* wurde zu Kremsir am Donnerstage nach St. Katharina-Tag 1577 die Concession für die Unterthanen aus Schönwald, Gundersdorf, Neudorf und Altendorf ausgefertigt, dass sie ihr Vermögen legiren und verschaffen können; im Falle aber kein Testament hinterlassen worden, solle das hinterlassene Vermögen dem Weibe und Kindern, in deren Ermanglung aber den nächsten Befreundeten zwar heimfallen, jedoch dass in diesem letztern Falle der fünfte Theil von der ganzen Verlassenschaft *ad pias causas* angewendet werden solle ††) †††).

Der Fürst-Bischof *Stanislaw Pawlowsky* ertheilte in Kremsir am Donnerstage nach dem Fest Allerheiligen 1581 die Handveste, vermög welcher, da auf den Herrschaften Bautsch und Liebau keine obrigkeitliche Wirthschaft, Vorwerk oder Meierhof, auch kein obrigkeitliches Bräu- und Malzhaus errichtet ist, von den Bautschern und Libauern, indem sie durch Ausrottung der Wälder neue Grundstücke, Aecker und Wiesen hergestellt haben, die gewöhnliche Sti. Georgii- und Sti. Wenceslai-Zinsen, ferner zweifach oder do●●●, ●●bst andern in den Registern verzeichneten Abgaben, entrichtet werden sollen, gegen Befreiung von aller zu den Mayerhöfen und Bräuhäusern gehörigen Robot, mit Ausnahme jener, welche sie mit Fuhren und Wägen zu thun schuldig sind; dann was wegen Zurichtung des Malzes

---

*) Urkunde vom 29 Jun. 1558.
**) Urkunde vom 3 Sept. 1560.
***) Urkunde vom 20 Sept. 1564.
†) Urkunde vom 30 Nov. 1577.
††) Urkunde vom 28 Nov. 1577.
†††) Von demselben Bischofe wurde dem *Blasius Boss* die Erbauung einer Mühle mit einem Mehlgange, und einem andern Stampfengange nächst der Stadt Bautsch an dem Bache: *Dürre Bautsch*, dann der freie Genuss derselben für sich, seine Erben und nachkommenden Besitzer, mit der Concession Olmütz am Samstage des heil. Prokops 1551, zugestanden. Urkunde vom 4. Jul. 1551.

in ihren Malzhäusern, Brauung und Ausschenkung des Biers, Verleitgebung des Weins, und wegen des freien Salzhandels mehr anhängig ist *).

Zufolge der Begabnuss des Cardinals und Fürstbischofs *Franz von Dietrichstein* (Kremsir den 26. Jäner 1612) wurden alle von seinen Vorfahren im Bissthume Olmütz, absonderlich von *Nicolaus, Joannes* und *Stanislaus Pawlowsky*, den Bautschern ertheilten Concessionen nicht nur bestätigt, sondern auch dieselben von der Stellung der Waisen zu der Obrigkeit oder ihre Beamte befreit unter der Bedingniss, dass von dem Stadtrath der Zustand und die Gerechtigkeit der verlaufenen und übelverhaltenen Waisen unter der Eidespflicht alle Jahre angezeigt, auch keiner, welcher über tausend Gulden Vermögen besitzt, ohne obrigkeitliche Erlaubniss irgendhin freigelassen noch verheurathet werde, der Obrigkeit aber frei stehe, Waisen in ihre eigenen Dienste, so viel als vonnöthen, zu nehmen, für welche Begnadigung sie nach seinem Absterben alle Jahre am Tage des Hinscheidens ein Anniversarium und Seelenmesse mit gebührlichen Ceremonien und Opfer zu halten schuldig seyn sollen **).

Mit der Begabniss vom erst besagten Cardinalen *Franz von Dietrichstein* (Kremsir am 20. Mai 1613) wurde das altgewöhnliche Sigill der Stadt Bautsch vermehrt und verbessert, auch der Gebrauch des rothen Wachses gestattet ***).

Der Erzherzog *Leopold* und Fürstbischof von Olmütz bestätigte (Brüssel am 3. Jan. 1656) alle obigen der Stadt Bautsch ertheilten obrigkeitlichen Freiheiten und Begabnisse ****); was auch von Seite des Domdechantes *Claudius Freiherrn von Sorina* und des Domkapitels in Olmütz geschehen ist unterm 9. August 1657 †).

Karl Graf von Lichtenstein, Fürstbischof zu Olmütz, bestätigte (Olmütz den 30 Sept. 1681) die bautscher Privilegien und genehmigte die Uebersetzung der zwei Jahrmärkte, nämlich des vom Könige Ludwig bewilligten, vom ersten Tage nach St. Georgii auf den Montag nach Philippi und Jakobi, und des zweiten vom Bischofe *Marcus* bewilligten, vom Mittwoch vor Sti. Matthaei auf den Montag nach Maria Geburt ††).

Ebenso befreite derselbe Bischof *Carl Graf von Lichtenstein* die zu Bautsch gehörigen Dörfer von der Abfuhr einer gewissen Anzahl Garn. Kremsir den 13 Juli 1683 †††).

Dieser Freiheitsbrief wurde von dem Domdechante *Joh. Jos. Grafen von Breuner* und vom Olmützer Domkapitel am 2 Dezember 1689 bestätigt ††††).

Der Cardinal und Fürstbischof von Olmütz, *Wolfgang Hannibal Graf von Schrattenbach*, bestätigte am 4 Febr. 1713 im Schlosse Kremsir sämmtliche Privilegien der Stadt Bautsch †††††).

*) Urkunde vom 2 Nov. 1581.
**) Urkunde vom 26 Jan. 1612.
***) Urkunde vom 20 Mai 1613.
****) Urkunde vom 3 Jan. 1656.
†) Urkunde vom 9 Aug. 1657.
††) Urkunde vom 30 Sept. 1681.
†††) Urkunde vom 13 Juli 1683.
††††) Urkunde vom 2 Dec. 1689.
†††††) Urkunde vom 4 Febr. 1713.

Als im J. 1732 die Stadt Bautsch bei der Obrigkeit um die Gestattung der freien Fleisch-Einfuhr für fremde Fleischhauer ansuchte, wurde sie mit obrigkeitlicher Verordnung vom 20 März 1732 abgewiesen und der Stadtrath beauftragt, an den Wochenmärkten und überhaupt täglich in den Fleischbänken nach Beschaffenheit des Fleisches eine billige Taxe zu setzen.

Unterm 20 October 1738 bestätigten weiland Se. Maj. Kaiser *Karl VI* folgende Privilegien der Stadt Bautsch:

a) Das Privilegium vom Könige *Ludwig*, 1526, jeden Samstag einen Wochenmarkt zu halten;

b) Die Confirmation des Cardinals *Grafen von Schrattenbach* vom 4. Febr. 1713, und mit dieser also auch das Privilegium des Bischofs *Marcus* vom Montage den Joannis-Enthauptungstage 1558 mit der vom erwähnten Cardinal im Dekrete vom 20 März 1732 ausgesprochenen Ausnahme, dass die im Privilegium vom J. 1558 ertheilte, später aber ausser usum gekommene Freiheit der Einfuhr des fremden Fleisches an den samstägigen Wochenmärkten künftig nicht mehr Statt finden solle*).

Weiland Kaiserin *Maria Theresia*, Kaiser *Joseph II* und Kaiser *Franz II* höchstseligen Andenkens, bestätigten sämmtliche Privilegien, Handveste und Begabnisse der Stadt Bautsch ddto. Wien den 21. Juli 1747 **), 1. Jäner 1781 ***) und 16. März 1793 †) mit eigenen allerhöchst unterfertigten Entschliessungen.

So wie die Stadt Bautsch durch die erwähnten Privilegien der Kaiser, Könige und Herrschaftsobrigkeit mancher Vortheile sich erfreute, so trafen sie auch zu verschiedenen Zeiten widrige und harte Schläge, theils in Hinsicht der feindlichen Invasionen, theils in Bezug der Feuersbrünste.

In Bezug der feindlichen Invasionen ist Bautsch in den Jahren 1623, 1642, 1758 und 1762 hart heimgesucht worden.

Im Jahre 1623 musste Bautsch eilf Kompagnien Mansfeldischer Truppen durch eilf Wochen gänzlich verpflegen.

Im Jahre 1642 musste die Stadt an die Schweden eine beträchtliche Brandschatzung bezahlen.

Im Verlaufe des siebenjährigen Krieges verbreiteten die hier gelegenen kurhessischen Truppen im Jahre 1758 eine pestartige Krankheit, an der ganze Familien ausstarben, wo zu gleicher Zeit (am 2. Mai 1758) die königl. preuss. Armee zur Belagerung von Olmütz hier durchmarschirte und die Stadt grösstentheils ausplünderte. Am 4. Juli 1762 überfiel sie eine preussische Truppenabtheilung, welche sie zu einer Brandschatzung von 300 Dukaten nebst Lieferungen von Stroh, Heu u. a. m. im Werthe von 2000 fl. gezwungen hat.

---

*) Urkunde vom 20 Oct. 1738.
**) Urkunde vom 21 Juli 1747.
***) Urkunde vom 1 Januar 1781.
†) Urkunde vom 16 März 1793.

Feuersbrünste verwüsteten die Stadt Bautsch in den Jahren 1604, 1628, 1648, 1692, 1743, 1763, 1766, 1772, 1775 und 1795 mehr und weniger, am stärksten wurde sie aber am 8. Aug. 1828 verödet, wo 89 Häuser, 9 Scheunen, das Bräuhaus und die Fleischbänke ein Raub der Flammen geworden sind.

VI. Zum Kammergute Bautsch gehörige Dörfer.

Zum Kammergute Bautsch gehören die Dörfer:
    a) Altendorf *(Stara wes)*,
    b) Gundersdorf *(Gundrowice)*,
    c) Neudorf *(Nowa wes)*, und
    d) Schönwald.

Altendorf zählt 61 Häuser und 581 Einwohner.

Die dortige Kirche, gewidmet der Heimsuchung Mariä, bestand zufolge einer Glocken-Inschrift (1597) schon im 16. Jahrhunderte, und wurde in den Jahren 1768 und 1769 aus eigenem Vermögen ganz neu erbaut.

In dieser Kirche befinden sich drei Altäre. Bis zu dem Jahre 1785 war sie eine Filiale der Bautscher Pfarrkirche. In eben dem Jahre 1785 wurde die Pfründe Altendorf zu einer Lokalie erhoben, welcher das Dorf Neudorf zugewiesen wurde.

Der Patron dieser Lokalie, so wie der dortigen Trivialschule ist der Religionsfond.

Der nahe Oderfluss betreibt eine zu Altendorf gehörige Mühle von zwei Gängen und eine Brettsäge.

Der Ackerboden ist hier in einigen Gegenden fruchtbringender, als um Bautsch.

Gundersdorf besteht eigentlich aus zwei Gemeinden, die ¼ Stunde von einander getrennt sind.

Die Zahl der Häuser beläuft sich auf 79, und der Einwohner auf 506.

Hier besteht eine alte Pfarre. Die früher hölzerne, dem heil. Jakob dem Grössern gewidmete Kirche wurde im J. 1756 neu aufgebaut, im J. 1758 ist sie aber von den feindlichen Preussen in Asche gelegt worden. Die Ueberreste dieser Kirche wurden bald wieder zum Gotteshause hergestellt.

Für die Ertheilung des Elementar-Unterrichtes besteht hier eine Trivialschule.

Der Bach, die *dürre Bautsch* genannt, betreibt eine Mahlmühle nebst einem Stampfwerke und einer Oelpresse.

Neudorf zählt 35 Häuser und 192 Einwohner. Zufolge einer Thurmaufschrift bestand die hiesige, dem heil. Johann dem Täufer gewidmete Tochterkirche von Altendorf schon im J. 1591, wurde aber im J. 1784 ganz neu erbaut.

Nicht weit von diesem Dorfe betreibt der Oderfluss eine Mehlmühle von zwei Gängen und einer Brettsäge.

Schönwald liegt in einer Schlucht, hat 87 Häuser und 603 Einwohner. Hier befindet sich eine vom k. k. Religionsfonde gestiftete Lokalie mit einer Kirche, welche zwischen 1784 und 1787 erbaut und dem heiligen Nikolaus gewidmet wurde. Sie wurde mit den nöthigen Paramenten und Geräthschaften theils aus der Kirche des aufgehobenen Stiftes der Augustiner zu Sternberg, theils aus der Kirche auf dem Berge *Hostein*, ausgestattet.

Aus der Jahrszahl 1541, welche sich auf einer Glocke befindet, lässt sich auf das Alter der früher hier bestandenen Kirche schliessen.

Der nahe Oderfluss betreibt eine Mehlmühle von zwei Gängen, ein Stampfwerk und eine Brettsäge. Der unbedeutende Bach *Lase* betreibt eine zweite Brettsäge.

Hier befinden sich auch einige Garnbleichen und in der Nähe ein Schiefersteinbruch, dessen schon früher, im geognostischen Theile, erwähnt wurde.

Die Einwohner der vier genannten Dörfer betreiben vorzüglich den Feldbau und mehr und weniger die Flachsspinnerei. Von Gewerben sonstiger Art, ausser den allernothwendigsten, als Schuhmacher, Schneider und Tischler und einige andere, wird keines getrieben, weil die übrigen Bedürfnisse auf den Märkten in den nahe gelegenen Städten, Bautsch, Liebau, Hof und Bärn zu erhalten sind.

VII. Geographische Längen- und Breitenbestimmung der Orte, welche dem Bautscher Dekanate untergeordnet sind.

Nach der gefälligst mitgetheilten Detail-Aufnahms-Section der Katastralvermessung der Umgegend von Bautsch ergeben sich nachstehende geographische Längen und nördliche Breiten der Orte, welche dem Bautscher Dekanate untergeordnet sind, als:

Orte.	Länge.			Breite nördlich.		
Wigstadtl	35°	25'	13''	49°	46'	28''
Gross-Glockersdorf	35	24	32	49	44	55
Altendorf	35	18	9	49	45	45
Neudorf	35	20	43	49	45	15
Gundersdorf	35	14	26	49	48	2
Schönwald	35	15	38	49	45	55
Liebau	35	11	15	49	43	21
Milbes	35	16	44	49	40	9
Dittersdorf	35	14	8	49	39	34
Waltersdor	35	9	35	49	40	9
Bernhau	35	20	19	49	43	21
Liebenthal	35	20	2	49	41	21
Altwasser	35	14	19	49	44	29
Schwansdorf	35	20	4	49	47	44

Beilagen. A. Urkunde von 1274. 17 Dec.

In nomine domini amen. Nos *Bruno*, dei gracia *Olomucensis Episcopus*, Alexius decanus, Albertus prepositus, Cirus Archidiaconus, Conradus Scolasticus, totumque *Capitulum ejusdem Ecclesie*, universis, presentem paginam inspecturis, salutem in domino. Cum nichil sit, quod in humana condicione propter labilitatem memorie perpetuo stare possit, et presertim cum presens etas postposito iuris tramite calumpnie pocius quam veritati uehementissime inhiet ac insudet: consonum est racioni, ut ea, que inter homines fiunt, scripti debeant testimonio roborari; vt scriptura docente veritas extra mundi terminos non vagetur. Hinc est, quod, cum inter nos Brunonem, dei gracia Olomucensem Episcopum, ac ejusdem ecclesie capitulum *ex una*, et reverendum patrem dominum *Budisch, Abbatem* monasterii sancti Stefani *in Gradisch ordinis Premonstratensis, ex parte altera, super silva* quadam, que *Strelna major* vocatur, que distincta est per certos terminos, prout expresse *in privilegio* Abbatis continetur, et *alia Strelna minor Canonicorum*, que est ex ista parte *riuuli Bunow inter ciuitatem Olomuz* sita et dictum riuulum, ac circuitibus eorundem in campis et alijs attinenciis quibuscunque questio fuisset diucius agitata, ita, quod racione illius dissensionis ex ipsis bonis neutri partium potuerit commodum aliquod prouenire. Itaque nos nostrumque capitulum et abbas cum suo conuentu, videntes, quod, quamdiu questio huiusmodi per aliquem decisionis modum nullum finem debitum sortiretur, bona eadem penitus inutilia remanerent. Id circo de communi consensu partium utrarumque *talis* primo inter nos *sine scriptis concordia* interuenit. Videlicet quod *silve predicte* cum suis pertinenciis, quocunque nomine appellentur, *in duas partes equaliter diuidantur*, ita, quod *una partium nobis ac nostro capitulo* assignetur, *alia* vero *domino Abbati et conuentui* antedicti monasterii relinquatur. Item de ecclesiis et oratoriis construendis dicimus, quod nos in nostra et Abbas in sua parte habeamus sine contradiccione qualibet aduerse partis liberam facultatem, non obstante ecclesia, que nunc sita est in majori Strelna. Quam concordiam nos una cum consensu nostri capituli promisimus concorditer ac inuiolabiter obseruare. Renunciantes omni accioni, instrumentis ac munimentis, que nobis in siluis possent competere antedictis. Abbas uero de consensu sui conuentus vice versa promisit, concordiam eandem ratam et firmam velle tenere, renunciando eciam omnibus juribus, que sibi in eadem questione poterant suffragari. Et quod compositio huius, vt superius est expressum, fuit habita sine scriptis: Nos suspicantes ne per successores vtriusque partis ignaros huius facti lis, per hunc modum sopita, posset denuo suscitari, uolentes omnibus iurgiis finem imponere: *eandem compositionem* nos de consensu nostri capituli et dominus Abbas similiter suo conuentu annuente, in nullo penitus improbantes, sed pocius ratum et firmum habentes, *redegimus in hiis scriptis*. Et ut huiusmodi compositio, inter nos nostrumque capitulum ac Dominum Abbatem ipsiusque conuentum rite ac laudabiliter celebrata, gaudere possit robore debite ac perpetue firmitatis, eidem domino Abbati ac eius conuentui sepedictis presens scriptum dari mandauimus, idemque nostro ac nostri capituli sigillis fecimus communiri. Acta sunt hec anno domini Millesimo ducentesimo LXXiiij. XVI Kalendas Januarii. Datum in Olomuz anno et die prefatis. (E codice Cremsir. Fol. L. IIII. L. XXXIX. — Cod. I. chart. pag. 60—65.)

B. Urkunde von 1305. 20 Jun.

Wenceslaus (II) dei gracia *Boëmie* et *Polonie rex*, omnibus in perpetuum. Tunc salubris nostri probatur cura regiminis, dum et nostram perire non patimur, et aliis debitam, quantum in nobis, iustitiam non negamus. Sane *dudum Olomucensi Ecclesia bona, Strzielna* et *Budissow* nuncupata, in terra nostra *Morauie* sita, quiete et pacifice *possidente, nos ad informationem* quorundam, bona ipsa *nostra esse* et ad mensam nostram pertinere asserentium, bona ipsa ipsi *Olomucensi Ecclesie abstulimus*, et ea aliquo tempore tenuimus et habuimus in nostra potestate. Tandem cum sepe et sepius *per ipsius* Olomucensis Ecclesie prelatos et *canonicos*, bona ipsa *esse* Olomucensis *Ecclesie* asserentes, ut ea ipsi restitueremus Ecclesie, fuissemus *commoniti et rogati: nos* ob fauorem ipsius Olomucensis Ecclesie, cuius semper honorem et profectum appetimus, talem *uiam elegimus* super eo, *ut*, si prelati ipsius Ecclesie, decanus uidelicet, prepositus, et archidiaconus, bona ipsa Olomucensis Ecclesie esse, et ad eam pertinere, prestito super hoc iuramento assererent et firmarent, nos statim bona ipsa ipsi *restitueremus* ecclesie, et ei possessionem daremus plenariam eorundem. Qui quidem prelati, *Budizlaus* videlicet decanus, *Cyrus* prepositus, *Rancirus* archidiaconus, quia coram dilectis nobis *Heydenrico* Sedlicensi, *Conrado* de Aula regia abbatibus Cysterciensis ordinis, fratre *Sdizlao*, quondam provinciali fratrum predicatorum per Boemiam, et Magistro *Joanne de Slakenuerd*, decretorum doctore, ac *Heinrico Sturmonis* Pragensibus canonicis, quibus, nobis infirmitatis nostre lecto iacentibus, hec et omnia alia, que per nos quibuscunque iniuste ablata esse dicerentur, determinanda et expedienda commiseramus, bona ipsa ipsius *Olomucensis Ecclesie restituimus*, et ei plenam possessionem dari fecimus eorundem, et *uolumus*, ut deinceps ipsa Olomucensis Ecclesia bona ipsa cum uillis, hominibus, agris cultis et incultis, pratis, pascuis, siluis, nemoribus, rubetis, montibus, planis, fluminibus, piscationibus, aquis aquarumue decursibus, et cum omnibus aliis iuribus, vtilitatibus, et pertinentiis suis, et cum omni honore ac libertate, que ipsa *Olomucensis Ecclesia* in bonis ipsis tunc, quando sibi per nos ablata fuerint, habuerat, *iure proprietatis tenere*, possidere debeat et habere. In cuius rei testimonium presentes litteras fieri, et sigillis maiestatis nostre iussimus communiri. Datum Prage. Anno domini M° CCC° quinto. XII Kalendas Julii. Indictione III. Anno regnorum nostrorum Boemie nono, Polonie vero quinto. (E cod. membr. Olom. I. Fol. 32.)

C. Urkunde von 1320, 3 Apr.

Conradus — episcopus Olomucensis notum facimus — quod, cum *post obitum Theodrici* bone memorie Olomucensis *canonici bona in Budissow* et *Lubawia* — que de consensu capituli ad tempora vite possedit — in quibus bonis unam terciam partem habuimus, ad nos et Olomucense capitulum libere peruenissent: *nos per tempus aliquod bonis ipsis cum capitulo communiter habitis — partem nostram a parte capituli segregare voluimus —;* tum pro parte capituli allegatum extitit, quod bonorum nostrorum diuisio nullo modo competeret capitulo, asserentes, quod pars nostra semper cresceret et ipsorum deficeret ıc. — Post multos tractatus taliter *conuenimus*, quod *pro bonis* predictis in *Budissow* et *Lubauia* ac bonis in *Bielkowicz et Thomastat*, per dominum Budislaum felicis memorie decanum eidem ecclesie nostre donatis, et eorum pertinenciis *decimales denarii per totam diocesim nostram*, qui nobis a parochialibus ecclesiis debentur, illis decimalibus denariis, qui a quibusdam *ecclesiis monasterii Trebecensis*, et duabus marcis, que de ecclesiis monasterii Gradecensis nobis soluuntur, *exceptis* — eo jure, quo nos et nostri predecessores eos *percepimus*, deberent *capitulo in concambium assignari* — Nos.. Jenczoni decano, Sboroni preposito, Johanni archidiacono, et toti capitulo — nostro et omnium successorum nomine — prefatos denarios dedimus et tradidimus in perpetuum — et libere de ipsis disponendi facultatem — *saluo iure archidiaconorum*, qui *decimam* partem *de ipsis denariis percipere consueuerunt*. Archidiaconus non se immisceat collectioni denariorum, et capitulum de ipsis disponat — committendo personis collectionem denariorum, qui ad festum Natiuitatis Domini capitulo presententur. — Preterea quia super bonis in Bielkowicz, Lubauia et Thomastat et eorum pertinenciis et iuribus vniuersis dicto nostro capitulo in iudicio terre dudum per Raczkonem et Otakkonem quondam Raczkonis de Dolan est questio suscitata, dictum nostrum capitulum ab eisdem promisit et tenetur predicta bona euincere et per omnia disbrigare — in quo ipsis assistemus studio diligenti — ɔc. Datum in Olomucz M.CCC.XX.III. Non Aprilis. — (E cod. Olom. II. Fol. 57.)

D. Urkunde 1389. 7 Dec.

In nomini domini Amen. Nos *Nicolaus* dei et apostolice sedis gracia *Episcopus Olomucensis*. Ad perpetuam rei memoriam. Notum facimus tenore presentium vniuersis. Et si obseruancias et consuetudines seruatas ab antiquo pro comodo eis vtencium imitari contigerit uel in melius reformari, non est reprehensibile, sed merito commendandum. Cum iura et statuta maturitate digesta pro qualitate locorum et personarum sepe mutantur et reformentur. Eo quod natura semper deperperat nouas edere formas, et nichil sit in rerum natura, quod in vno statu persistere valeat et manere. Sane *dudum* ex usu et consuetudine, obseruancia et iure terre introductum fuit, et eciam *obseruatum in Ciuitate nostra Budyschaw*, sicut in *aliis* civitatibus et *locis Episcopatus Ecclesie* nostre *Olomucensis*, quod, quando quis incepit infirmari, qui *non habuit heredes legitimos*, uel si habuit, et fuerunt ab eo diuisi, non potuit de bonis et rebus suis legare, donare, testari, nec disponere pro sua vltima uoluntate. Sed post mortem *bona per ipsum derelicta* ad predecessores nostros episcopos Olomucenses existentes pro tempore, quocies et quando talis casus eueuerit, *fuerunt realiter diuoluta*. Et licet hoc aliis propter modicum lucrum vtile uidebatur: *tamen ex eo multa incomoda et pericula sequebantur*, prout docuit *experiencia* quotidiana, que rerum omnium est magistra. Nam multi habundantes rebus temporalibus et carentes heredibus legitimis, talia formidantes ceperunt licenciam, et ad loca dominorum aliorum atque dominia recesserunt. Alii vero, qui gratiam habuerunt intrandi ciuitatem, de bonis alienis, in quibus hactenus morabantur, detestantes talem consuetudinem, in suis locis remanserunt. Alii vero manentes in ipsa civitate, ea, que habuerunt, consumpserunt et dilapidarunt, nolentes, quod de bonis eorum post mortem aliquid remaneret. Et sic quilibet non cogitabat de rebus suis prospicere, neque futuris comodis intendebat. *Unde commune bonum in ipsa* periit *Ciuitate*, et finaliter *vergebat in destruccionem* eius, *in dampnum* nostrum, et *ipsius Ecclesie Olomucensis* nostre preiudicium manifestum.

Nos, quem altissimus non nostris meritis ipsi Olomucensi Ecclesie preesse disposuit, *volentes adhibere tali morbo* congruam *medicinam*, ac nos diuino et humano iuri, quantum possimus, conformare, de consilio, conniuencia et consensu honorabilium virorum dominorum,. decani prepositi et Capituli dicte Ecclesie nostre Olomucensis, fratrum nostrorum carissimorum, *in Capitulo* eorum *generali, considerato, quod ipsa ciuitas Budyschaw in confiniis sit sita Episcopatus nostri Olomucensis, vbi concurrunt fines et granicie principum plurimorum; cujus occasione propter hostiles insultus maiori indiget custodia, fortitudine et munimentis, et eciam ut conciues habeat magis ydoneos et habentes meliores et forciores, ac ipsam Ciuitatem nostram in turribus, muris et meniis, parchanis, portis et fossatis et aliis fortificacionibus ad defensionem necessariis munire valeant et firmare, ipsius Ciuitatis custodie insistere, et necessitatibus prouidere:* a dicta consuetudine et *obseruancia* sic hactenus *tenta* et seruata *recessimus* et recedimus de certa nostra sciencia per presentes. Cupientes modicum lucrum bono meliori salubrius compensare. Et ut Incole eiusdem nostre Ciuitatis eo *fideliores* et *diligenciores reddantur*, quo se maiori fauore et gracia senciant prosecutos, eisdem magistrociuium, Judici, Consulibus, Juratis, Communitati et singulis Ciuibus, domus, areas, domicilia propria aut possessiones inibi habentibus duntaxat, eorumque posteris in Budyschaw antedicta nostra Ciuitate concessimus, et donauimus, tenore presencium graciose concedimus, *damus* liberaliter et donamus *liberam potestatem exnunc* in antea et inperpetuum, *ut* ipsis *Ciuibus*, qui *carent filiis et filiabus, propinquiores* eorum amici post mortem eorum, eciam si antea ab eisdem essent diuisi, in suis possessionibus, hereditatibus, bonis et rebus per ipsos derelictis *succedere possint* et valeant, ac ipsorum possessiones, hereditates, bona et *res sic post mortem* eorum *relictas libere* adire, recipere, tenere et *possidere* sine omni impedimento et inquietudine nostris et nostrorum successorum ac Officiatorum temporibus affuturis. *Ita tamen, quod tales heredes* et amici propinquiores, qui possessiones, hereditates, bona et res sic relictas obtinuerint, in eisdem personaliter *resideant per annum et diem secundum consuetudinem ipsius Ciuitatis*, et non extra ciuitatem in bonis alterius dominii cuiuscumque, et *faciant iura* ciuitatis *ad instar ipsius mortui, cui succedant*. Et si *post annum* et diem eisdem ibidem mansio displiceret, *possint* easdem possessiones, *hereditates* bona et *res uendere* alteri *viro ydoneo*, qui est abilis et ydoneus ipsis ciuibus et Ciuitati, quique eciam *ibidem demorari* et residere *tenebitur*, ut alter ciuis, iura, necessitates ac onera ciuilia ad debitum supportare.

Insuper concedimus, statuimus et *ordinamus* in perpetuum obseruandum, quod absque inpedimento quocumque liceat *vnicuique incolarum* Ciuium dicte *Ciuitatis nostre Budyschaw* in uita uel morte *testari, legare, testamentumque facere ad Ecclesias aut Ecclesiarum fabricas, aut legare personis ecclesiasticis eiusdem Ciuitatis et loci, prout cuilibet*, incolarum Ciuium dicte nostre *Ciuitatis Budyschaw videbitur* vtilius expedire, valorem, estimacionem et *taxam bonorum*, possessionem ac rerum relictarum post decedentium mortem videlicet *quintam partem duntaxat, quam* eciam estimacionem, valorem et taxam *Magisterciuium Consules et Jurati Ciues* dicte Ciuitatis per iuramentum domino et Ciuitati prestitum post mortem defuncti *infra dies quatuor-*

decim estimare et *taxare* fideliter *tenebuntur*. Hanc vero estimacionem, valorem et *taxam* huiusmodi *quinte partis* proximiores *heredes aut heres proximior*, qui in bonis, possessionibus et rebus defuncti *succedent*, sicut premittitur, *Ecclesiis, locis et personis*, quibus ipsa quinta pars eius legata est, *infra tres menses* continue se sequentes, postquam eadem quinta pars taxata fuerit, ut prefertur, cum effectu dare et integraliter *persoluere tenebuntur*, et debebunt, contradictione qualibet non obstante. Verum quia sepe contingit, *quod nonnulli*, proh dolor, *improvisa et celerrima morte succumbunt*. Ne tamen eorum anime pio, quod deo propicio uiuentes in hoc seculo ad salutem suam habuerunt, desiderio sint private. Voluimus, statuimus, concedimus, et eciam *ordinamus* pro nobis et successoribus nostris inperpetuum. *Qaod ad faciendum* et soluendum *testamentum pro taliter mortuis videlicet estimacionem* et taxam *quinte partis bonorum*, possessionum et rerum relictarum *mortui*, ut prefertur, *proximiores heredes* cum effectu *persoluant Ecclesiis, fabrice, Ecclesiasticis personis et locis dicte Ciuitatis secundum consilium Episcopi Olomucensis*, qui pro tempore fuerit, et prout consciencie sue pro anime defuncti remedio videbitur salubrius expedire.

Insuper addicimus, quod si quis heres proximior alicuius defuncti nostre Ciuitatis Budyschaw non acceptaret, et se intromitteret de bonis, possessionibus, rebus defuncti Ciuis Budyschawensis *infra duorum mensium spacium* post obitum dicti defuncti. *Et non faceret residenciam Ciuilem et personalem* in eadem Ciuitate nostra, iura, necessitates et onera Ciuitatis consueta et *solita supportaret, et* prescripte nostre constitutioni, ordinacioni, et gracie non vteretur, prout supra distinccius est expressum. Ex tunc talis *proximior heres* vel *heredes* statim post lapsum dicti temporis, dum tamen de tali sua voluntate constiterit uel facta fuerit bona fides, presenti nostro *priuilegio* in posterum *non gaudebunt, sed bona defuncti ad nos et successores nostros Episcopos Olomucenses* qui pro tempore fuerint, esse debent libere *deuoluta*, iuxta morem, ius et consuetudinem, et per predecessores nostros antiquitus obseruatos. *Saluo semper*, quod *quinta pars* bonorum defuncti, sicut premittitur, *pro anime cuiuslibet defuncti remedio* cum effectu detur, et tam per nos quam successores nostros sine diminucione realiter persoluatur. In quorum testimonium nostrum Sigillum una cum Sigillo dicti capituli nostri Olomucensis presentibus sunt appensa. Et nos *Andreas* Decanus, *Mathias* prepositus ac Capitulum Ecclesie Olomucensis premissis concessioni, donacioni, statuto et gracie consensimus, et presentibus consentimus, et in roboris firmitatem perpetuo duraturam, ac euidens testimonium premissorum, presentes literas Sigillo nostri Capituli cum sigillo dicti domini et patris nostri, Domini *Nicolai*, Episcopi Olomucensis, de certa nostra sciencia fecimus communiri. Actum et datum Olom (uz). Anno domini Millesimo Trecentesimo Octuagesimo Nono, feria proxima tercia post diem sancti Nicolai. (Ex originali.)

E. Urkunde vom 11 Nov. 1518.

Wir Ludwig von Gottes Genaden zue Hungern, Böheimb, Dalmatien Croatien etc. Khönig, Marggraue zue Mehrern, Herzoge zue Lücenburg, Vnndt in Schlesien, Marggraue zue Lausiz etc. Bekennen vnndt Thuen Khundt Allermänniglichen, dass vnnss der Ehrwürdig Vnnser Fürst Andächtiger vnndt Lieber Getrewer herr Stanisslaus Bischoff zue Ollmus, demüttiges Vleises angerueffen vnndt gebetten, dass Wier seiner Stadt Bautsch, vnndt den Einwohnern daselbst in vnserm Marggraffthumb Mehrern gelegen, Zue Auffnehmung Grössers Nuz Ihrer Nahrung, Alle Jahr, Jährlich hinfür Ewiglich Zween Jarmarkt, den Ersten den nechsten Tag nach St. Geörgen, denn Andern Auff Sannd Andrees Tag, des heiligen Zwölffbotten, Auss Sonderlichen Gnad, mit alleen Freyhaiten zue halten Gnädiglich zue geben, Aussetzen, vnndt zu verleihen Gerubeten. Haben Wir Angesehen sein zimblich bete, vnndt betracht die willigen vnuerdrossenen Dienst, die Er Weylandt dem durchleichtigsten Fürsten, vnserm Liebsten Herrn, vnndt Vater Herr Wladisslauen Kunig zu Hungern vnnd Böheimb xc. hochlöbl. Gedächtnuss gethan, vnnss Thuet vnnd allezeit zue Thuen Erbietig. Darumb mit Wohlbedachtem Mueth, Guttem Rathe vnnserer Räthe, vnnd Lieben getrewenn Haben Wier seiner Stadt Bawtz, vndt den Einwohnern vnuerschaidenlich solch obgeschriebene Jarmarkt hinfür albeg, Alls Nemblichen den Ersten den Nehesten Tag nach S: Geörgen, vnnd den Andern Auff Sannd Andreess Tage zue haben, vnnd acht Tag nach einander Zuhallten genediglich Gegeben, Aussgesetzt, vnndt verliehen. Geben Aussezen vnndt verleihen In die hiemit in Kraft dits Brieffes Auss Böheimbischer Küniglicher macht, Alss Marggraue zue Mehrern, Setzen vnndt wollen, dass sie solch obgemellte Jarmarkt, Allenthalb vmb sich frey Auss rueffen, Jährlich ein Leütten Lassen, der Nur für bass zue Künfftigen Zeiten haben genüssen, und gebrauchen sollen und müegen, Allermass Annder dergleichen Stette In vnserm Marggraffthumb Mehrern von Recht oder gerechtigkeit wegen Jarmerkt hallten vor Jedermänniglichen vnuerbindert, doch männiglichen an seinem rechten ohne Schaden vnndt unvorgreiffentlich. Gebieten darauff allen Vnseren Vndterthanen, Wess Standes Würden Ambts oder Wesens die seyn, vnndt Sonderlich Vnserem Jezige oder Künfftigen Hawbtmannen des Marggraffthumbs Mehrern, Ernstlich vnndt vestiglich die obengenannte Stadt Bawtz zue sambt den Einwohnern bey diesen Zwey Jarmerkten, vnndt vnsern Begnadungen Ihne gethan. vnndt gegeben Zue Handthaben, Schüzen vnndt Schirmen, selbst darwieder nicht Thuen, noch Andern zue Thuen verstatten, Sondern sie der beruhiglich gebrauchen Lasse, Bey Vermeidung Vnserer Schweren Straff vndt Vngnaden, Zue Uhrkundt mit vnserm Küniglichen Anhangenden Insigels besiglet. Geben zue Ofenn an Sand Merttens Tage Nach Christi Geburth Thausendt fünff hundert im Achzehenden, Vnserer Reiche des Hungeriss. vnndt Böheimischen Im dritten Jahre xc.

(L.S.)

Ad relationem Mag. Dni. Ladislai de Sternbergk, in Bohemia Supremi Regni Böemiae Cancellarij.

F. Urkunde vom 17 Jan. 1526.

Wir Ludwig von Gottes Gnaden zue Hungern, Böheimb, Dallmazien, Croatien ɔc. Künig, Marggraue zue Mehrern, Herzog zue Lücenburg, vnd In Schlesien, Marggraff zue Lausiz. Bekennen vnnd Thuen Khundt Allermänniglichen, dass Vnss der Hochwürdige Vnser Andächtiger vndt Lieber getrewer herr Stanislaus Bischoff zue Ollmucz, demüttiges vleis angerueffen, vnnd gebetten, dass Wier seiner Stadt Bautsch vndt den Einwohnern daselbst In Vnsern Marggraffthumb Mehrern gelegen, zue Aufnehmung grössers nuz Ihrer Nahrung Einen Wochenmarkt zue halten vndt haben, geneidiglich zu geben, Ausssezen, vndt zue verleihen Geruheten, Haben Wir Angesehen sein ziemlich Bitte vnndt betracht die willigen vnuerdrossenen Dienst, So Er Vnnss offtmals gethan, noch täglich Thuet. Hinführo Thuen kann, und mag, Darumben mit Wohlbedachtem mucth guetem Rathe vnserer Räthe vnnd Lieben getrewen, haben Wier Seiner Stadt Bautsch Ein Wochenmarkt, Allss Nemblichen Alle Wochen Am Sonnabendt zue halten gegeben, Aussgesezet vnndt verlihen, Geben, Ausssezen vnnd verleihen, In den himit in Krafft dits Brieffes Auss Böhmischer Königlichen macht, Alls Marggraff zue Mehrern, Allso, dass sie solchen obgemellten Wochenmarkt allweg am Sonnabent mit allen gerechtigkeiten, Freyheiten, Nuzen vnndt gewonhaiten, wie Andere Stette, In Vnserm Marggraffthumb Mehrern hallten vnnd gebrauchen, Nun hinfür Auch in solcher mass zue Ewigen Zeiten hallten, haben vnnd genüssen sollen, vnd mögen, vor Vnss vnsern nachkommenden Königen zue Böheimb, Marggrauen zue Mehren, vnnd sonsten Jedermänniglichen vnuerhindert, Gebieten demnach Allen vnndt Jedem Vndterthanen Wass Würden Standes, Ambts oder Wesens die sein, Vnnd Sonderlich Vnserm Jezigen vnnd Künfftigem Hewtmannen des Marggraffthumbs Mehrern, Ernstlich, dass Er obgenannte Stadt Bautsch, vnnd die Einwohner daselbst Bey solcher Vnser Gabe vnnd Begnadung dess Wochenmarkts handhabet, Schüzet vndt Schürmet, selbst dawieder nicht thuet, noch andern darwieder zue thuen verstattet, Bey Vermeydung vnnserer schweren Straff vnnd Vngnaden, zue Vhrkundt mit Vnserm Königlichen anhangenden Insigell besiegelt. Geben zue Ofen an Sanntt Anthony Tagk, Nach Christy Geburth, Thausent fünfhündert Im Sechs vnnd Zwanzigsten, Vnserer Reiche des Hungarischen vnnd Böhmischen Im Zehenden Jahre ɔc.

(L. S.)   *Ex Comissione Propria Regis.*

G. Urkunde vom 14 Nov. 1538.

My Stanislaw z boží milosti biskup Olomúcký atd. oznamujeme tímto listem wšem, ktož jej uzří nebo čtúcí slyšeti budú, jakož jsme jměli na panstwí našem Budišowském dwě pusté wsi jménem Milčendorf a Polúwes, kteréž před mnoha lety za nepokojných časuow wálkami zpustly, z kterýchž poddani naši Budišowščí skrze nedbaliwost a neopatrnost úředníkuow sami bez wědomosti a powolení našeho užitky a požitky bráwali, a ty wsi pusté, jako by jich wlastní byly, jměli a drželi; ale poněwadž jsme se toho nedáwno pominulých časuow dowěděli, že ty wsi pusté jsú naše a k stolnímu biskupstwí našemu Olomúckému dědičně a sprawedliwě příslušý, rozkázali jsme, se w ně úředníku našemu na místě našem uwázati. I wzložili jsú na nás snažnú prosbu purgmistr a konšelé i wšecka obec napřed jmenowaného města našeho Budišowa, poddaní naši wěrní milí, snažně a s pilností nás pokorně prosíc, abychom jim, prohlédajíc na to, že těch užitků, kteréž z těch wsí pustých bráwali, na jiné newynaložili a neobracowali, nežli na oprawu kostela a farhofu Budišowského, a na oprawu wěcí obecných a potřebných téhož města, ty dwě wsi pusté s naší zwláštní milostí pustiti a k tomu městu dáti ráčili. Když my, wážíc jejich snažnú prosbu, a na to prohlédajíc, že to město a ten boží duom w Budišowě na oprawu malé užitky a duochody má, a aby se w tom městě na budaucí časy služba boží tím lépe držeti, i také se na tom městě oprawa státi mohla, s dobrým rozmyslem a gistým wědomím naším i tudíž s raddú a powolením welebných kněží, swrchu psaného kněze, děkana i wší kapituly kostela našeho Olomúckého, bratří našich milých, ty swrchu psané dwě wsi pusté, Milčendorf a Polúwes se wším a wšeligakým jich příslušenstwím, což k nim od starodáwna příslušelo a nyní příšluší, nahoře psaným purgmistru a konšeluom i wší obci města našeho Budišowa nynějším i jich budúcím potomkuom jsme pustili a dali a mocí tohoto listu pouštíme a dáwáme, kromě toho, což w Polúwsi foitu našemu Budišowskému podlé znění jeho hamfestu, kterýž na foitstwí swé má, sprawedliwě přísluší, tak aby ty duochody, kterýžby se z těch wsí pustých, totiž z polí, z luk a z zahrad dostáwaly, nyní a na budaucí časy bez naší a budaucích potomkuow našich biskupuow Olomúckých wšelijaké překážky, na oprawu toho kostela, farhofu a města, a ne na jiné obracowati a wynaložiti mohli; a z těch duochoduow powinní budú každý rok nyní i na budaucí časy před úředníkem naším, kteréhož bychom my neb naši budúcí potomci k zprawowání toho panstwí Budišowského usadili, počet řádný učiniti. Wšakž sobě toto znamenitě pozuostawujeme, což se těch lesuow a míst k těm pustým wsem příslušejících dotýče, kteréž ještě wyklučeny a na role neb luky zdělány nejsú, ty sobě a potomkuom našim pozuostawujeme. Jakož mezi obcí téhož města našeho a Hanušem Breslarem, Matysem Bilicerem a Stefanem Masařem nějaká ruoznice byla powstala, co se šenkowání piwa dotýče, i tohoto aby na budúcí časy w tom městě zachowáwáno bylo, ustanowujem, aby w těch domích, w kterýchž nyní swrchupsaný Hanuš Bresler, Matys Bilicer a Stefan Masař obydlí swé mají, w každém toliko jeden mařec piwa do roku wyšenkowán byl na pořádku a wíc nic, a aby na budúcí časy w tom městě našem wíce šenkowných domuo nebýwalo, nežli ty, w kterýchž nyní šenkowati obyčej mají. Tomu na swědomí tento list jsme napsati a s přiwěšením pečeti naší jim Budišowským poddaným našim dáti rozkázali, chtíce tomu, aby při tom při wšem, což se w tomto listu píše, od nás i od budúcích potomkuow našich, biskupuow Olomúckých, na budúcí časy bez překážky zachowáni byli, wšakž bez ujmy wrchnosti panstwí, kteréž sobě a budúcím potomkuom našim na těch wsech swrchu psaných pozuostawujeme. Jenž jest psán a dán na Kroměříži, we čtwrtek po swatém Martině, léta Páně tisícího pětistého třicátého osmého počítajíce. A my kněz Bernhart, doctor Zúbek ze Zdětína, děkan i wšecka kapitula kostela Olomúckého, k tomu ke wšemu, což se w tomto listu píše, powolení naše jsme také dali a tímto listem

A *

dáwáme. Tomu na swědomí pečet naši kapitolní rozkázali jsme k tomuto listu přiwěsiti. Jenž jest psán a dán léta a dne jakž se swrchu píše.

Dieselbe in deutscher Uebersetzung.

Wir Stanislaus von Gottes gnaden Bischoff zue Ollmücz ɩc. Vrkunden offentlich mit diesem vnserm Brieff, vndt Bekennen vor allermenniglichen, wo er gelesen, oder Lesen gehöret wirdt werden, dass Wier auf vnserer herrschafft Bautsch Zwey Wüste Dörfer, alss nembl. Milczendorf vndt Halbendorf gehabt, welche von viel Jahren in vnfriedsamben vndt kriegs Zeiten verwüst sein worden, auss welcher vnsere Vnterthanen zue Bautsch durch nachlesigkeit vndt vnuorsichtigkeit vnserer Haubtleuth ohne vnser wissen, vndt Erlaubtnus die Niessung vndt Nuzungen Empfangen, vndt selbige Dörfer als ihre Eigene gebrauchet vndt verpfleget haben. Dieweilen aber Wier vor kurzen Zeiten diess erfahren, dass Jenige wüste Dörfer vnseren Ollmuzerischen Bistumb Recht vndt Erblich zuegehören, haben wier anbefohlen vnsern Hauptman anstat vnser deroselben sich anzunehmen; Alss haben Sie vnss Burgermeister vndt beisiezende geschworne, wie auch die ganze Gemein obgemelter vnser Stadt Bautsch vnsere Liebe getrewe Vnterthaner demütiglich gebethen, dass wier in Betrachtung dass Sie die nuzungen, so Sie von denen verwüsten Dörfer genossen, auf nichtes anders alss Zue der kirchen vndt Pfarrhof zuer Bautsch verbesserung, wie auch dero Stadt vndt ganzer Gemein noturfften angewendet vndt aussgeben, gemeldte Zwey verwüste Dörfer auss sonderlichen vnsern gnaden oftgementer Stadt zuelassen, verleihen geruheten.

Derowegen Wier Erwegendt Ihr Instendiges begehren, dass die Stadt Bautsch vndt dass Gotteshauss zue verbesserung schlechte Rentten vndt Einkomben hat damit in der Stadt zue Ewigen Zeiten Gottesdienst destobesser gehalten, auch die verbesserung der Stadt bescheben möchte: Mit wolbedachtem Mueth vndt gewisser vnserer Wissenschafft, wie auch mit Rath vndt bewilligung der Ehrwürdigen Priestern, der obgemeldten Priester Dechanten vndt des ganzen Capitel vnseres Stieffts, vnsern Lieben Brüedern obberührte zwey Wüste Dörfer Miltschendorf vndt Halbendorf mit allen vndt Jeden zuegehörungen, wass ihnen von altersbero Zuegehörig gewesen, vndt annoch zuegehöret, obbeschriebenen Burgermeister, Rath vndt der ganzen gemein vnser Stadt Bautsch, iezigen vndt künftigen verleihen, vndt zuelassen, vndt krafft diess Briefs verleihen, zuelassen vndt geben, ohne dass Wass zue Halbendorf vnser Richter von Bautsch laut seines handfests welchen Er auf seine Vogtey hat, von Rechtswegen zuegehöret; Alsso dass solche Einkomben, die auf denen Zwey Dörfern alss von Agkern, Wiessen, Garten erhöbt können werden, nun vndt Zue künfftigen Zeiten, ohne vnser vndt unserer Nachkombenden Ollmuzerischen Bischofen einigerlei hinderung zue Verbesserung der kierchen, dess Pfarrhofs, vndt der Stadt, vndt sonsten auf nichts anderss angewendet, vndt aussgelegt werden möchten, Vndt solcher Renten halber werden Sie Jährl. iezt vndt auf künftige Zeiten, vor vnseren Hauptman den Wier oder vnsere Nachkombende Zue Regierung diesser Herrschafft Bautsch Bestellet haben werden, ordentliche Reitung zue thuen schuldig sein. Diesses aber wollen Wier vnss austrukentlich vorbehalten, wass die Zue allen den Oehden gehörige Wälder vndt Oehrter anlanget, welche noch nicht aussgehawen vndt Zue Agker oder Wiessen noch nicht zuegerichtet sein, selbe Wier vnss vndt vnsern Nachkombenden vorbehalten.

Wass anbetrieflt die Zweyträchtigkeit, so zwischen der Gemein diesser vnser Stadt, vndt Hanuss Bresslar, Mathess Biltzner, Steffan Fleischhacker wegen Bierschänks entstanden, Sezen vndt verordnen, damit auf künftige Zeiten in der Stadt obseruirt werde, dass in selben Heusern, welche ieztgedachte Hanuss Bresslar, Mathess Biltzner vndt Steffan Fleiscbaker bewohnen in Einem Jedwedern Ein gebrew Märzenbiers Jährlich der Ordnung nach aussgeschenkt werden *): Vndt damit auf künfftige Zeiten in diesser vnser Stadt mehr keine andere Schenkheusser aufgerichtet werden, ohne die in welchen iezo dass Schenken gebreuchlich ist. Dessen Zue Uhrkund diesse Brief schreiben, vndt mit anhangenden Insiegil Bekräfftigen, Vndt vnsern vnterthanen von Bautsch geben, haben Wier anbefohlen; Wollendte dass alles vndt iedess wass in diessen Brief geschrieben, von vnss vndt vnseren nachkombenden Bischofen zue Ewigen Zeiten, ohne Verhinderung verhalten vndt verbleiben solle, doch ohne Minderung der Herrschafft Obrigkeit, welche vnss vndt vnseren Nachkombenden, vber alles vorgeszetes vorbehalten. Geben vndt Geschrieben in Cremsier am Donnerstag nach S. Martini im 1538. Jahr; undt Wier Priester Bernard, Doktor Zubegk von Zdietin Dechant, vndt ganz Capitel dero Ollmuzerischen kierchen, zue allen, vndt ieden wass in diessem Brief geschrieben, vnsere Bewilligung gegeben, vndt mit diessem Brief bewilligen. Zue Uhrkundt dessen haben wier mit vnser anhangenden Insiegeln diess Briefs besiegeln anbefohlen. Welches geschrieben vndt gegeben tag vndt Jahr wie obengeschrieben.

H. Urkunde vom 29 Aug. 1558.

My Marek z boží milosti biskup Olomúcký ɔc. oznamujem tímto listem obecně předewšemi, že majíce my obdarowáni od císařuow a králuow Českých, jich milostí slawné paměti, abychom jarmarky a trhy w městech, městečkách, k stolnímu statku biskupskémi Nám příslušejících wšudy na gruntech našich wysazowati mohli, kdež My jsauce často hledáni a pokornými prosbami prošeni od opatrných purgmistra a raddy z Budišowa i na místě wší obce, poddaných wěrných našich milých, abychom toliktéž trh týhodný jim wyzdwihnúti a jim na obdarowání a wysadnost na určitý den, učiniti ráčili; k jejichžto tako-

---

*) Im Jahre 1791 verkaufte die Stadt Bautsch zwei dieser berechtigten und früher angekauften Häuser, ohne dieses Recht, mit obrigkeitlicher Bewilligung, worauf mit Direktions-Dekret vom 1. Sept. 1791 dieses Recht (Bier auszuschenken) bezüglich jener zwei Häuser, also auch dieses Privilegium bezüglich jenes Punktes für erloschen erklärt, der bautscher Bürgerschaft aber frei gestellt wurde, auch das 3. zur März-Bierbrau berechtigte Haus an sich zu bringen. Zu der sodannigen Veräusserung ohne jenes Befugnisses müsste aber die obrigkeitliche Bestätigung insbesondere eingeholt werden.

Im Monate März 1800 tauschten die 42 damals bestehenden schankberechtigten bautscher Bürger das 3te so berechtigte Haus ein, und verkauften es mit obrigkeitlicher Bewilligung zu Ende des Jahrs (4 Okt. 1800) wieder ohne Braugerechtigkeit, welcher Verkauf auch obrigkeitlich ratificirt wurde (13 Jän. 1801), so dass das Stanislaische Privilegium auch bezüglich des 3 Hauses erlosch. Diese Häuser haben die Consc. Nro. 77, 78 und 80.

wým ustawičným poníženým prosbám jsauce nakloněni, a chtíce tomu, aby též městečko naše Budišow, a w něm poddaní naši seděti a žiwností swých tím lépe bleděti, i také se Nám stawěti a oprawowati, nýbrž Nás a potomky Naše, biskupy Olomúcké, tím snážeji a lehčeji poplatky odbýwati mohli, jim Budišowským nynějším i budúcím tuto zwlaštní milost a obdarowání s weysadností toho trhu činiti ráčíme, a tímto listem našim wyzdwihujíce powolujeme a wysazujeme, totižto, aby na časy budaucí trh týhodný w každú sobotu w Budišowě držán byl, také, aby na tom trhu w sobotu držíce jeden každý domácí neb přespolní člowěk wšelijaké wěci, kterýmiž by se koli jmény jmenowati mohly, plnú swobodu měl, předkem masa woziti, prodáwati a kupowati, tak aby ten trh týhodní, na wýš jmenowaný den od nás wysazený, tím wším obyčejem a způsobem drželi a užíwali, jakž se při jiných swobodných trzích w městech, městečkách w tomto markrabstwí Morawském zachowáwá, wšakž bez ujmy jiným na jejich sprawedlnostech při trzích. Tomu na swědomí, a pro lepší toho wšeho potwrzení pečet naši wlastní k tomuto listu přiwěsiti jsme rozkázali, jenž gest dán a psán na Kroměříži, w pondělí, den stětí swatého Jana křtitele božího, Leta Páně tisícího pětistého padesátého osmého počítajíc.

Dieselbe in deutscher Uebersetzung.

Wier Marcus von Gottes Gnaden Bischoff zue Ollmücz ɔc. Vhrkunden mit diesem Brief offentlich vor Jedermanniglichen: Demnach Wier von Kaysern vndt Böheimischen Königen Hochlöbl. gedechtnuss Privilegia haben, dass Wier Jahrmarkt vndt Wochenmärkten auf Vnserem Bischöflichen Stiefft vndt Guett, Städten vndt Städtlein vberal Vnss zuhörigen ausssezen mögen. Alss seindt wier zum öfftern von denen fürsichtigen Burgermeister vndt Rath zue Bautsch wie auch anstatt der ganzen Gemein, vnsern lieben getrewen Vnterthanen mit demütigen Bitten Ersuchet worden, Wier gerueheten ihnen Einen Wochenmarkt erhöben, vndt mit ertheilung darauf Privilegien solchen auf gewissen Tag gnediglich ausssezen. Durch welche Ihre Instendige vndt demütige Bite wier beweget vndt wollendt, damit diess vnser Städtel Bautsch vndt Vnsere Vnterthanen darinnen desto besser sizen, vndt ihrer Nahrung abwarten, auch vnss sich stellen vndt verbessern: Zue deme vnss vndt vnsern Nachkomben Ollmuzerischen Bischofen, die Gaben desto williger vndt leichterer entrichten möchten. Alss thuen Wier Ihnen Bautschern Jezigen vndt künftigen diesse absonderliche Gnadt vndt Privilegium mit ausssezung des begehrten Markts ertheilen, vndt Krafft dieses Vnsers Briefs erhöben, bewilligen vndt ausssezen, Nembl. dass auf künftige Zeiten Ein Wochenmarkt auf den Sonnabend gehalten werden, auf welchen Wochenmarkt ein iedweder Eingesessener oder frembder mensch allerlei sachen wie sie immer genendt werden möchten, soll vndt mag haben völlige freyheit beförderist dass Fleisch zue führen, kaufen vndt verkaufen, auf dass sie besagten vndt auf benandten Tag von Vnss aussgesezten Wochenmarkt halten vndt gebrauchen, auf alle weg vndt weiss, wie es bei anderen Städten vndt Städtlein in diesem Marggrafthumb Mähren solche freye Margkt zuehalten der lebliche gebrauch ist. Jedoch ohne anderer bey solchen Markten habenden Gerechtigkeit, nachtheil vndt Schaden.

Zue Vhrkundt vndt besserer bekräfftigung diesses haben Wier Vnser Eigenes Insiegil zue diessen Brief anzuehengen anbefohlen. Geben vndt geschrieben zue Crembsier am Montag alss heiligen Joannis Baptistae Enthauptung Im Tausendt fünfhundert acht vndt fünfzigsten Jahr.

J. Urkunde vom 29 Juni 1558.

My Marek z boží milosti biskup Olomúcký ɔc. oznamujem tímto listem obecně přede wšemi, že jsú před nás předstúpili opatrní purgmistr, richtář, a starší, i na místě wší obce, Budišowščí poddaní wěrní naši milí, prosíce nás poníženě, abychom jim z zwláštní milosti toho přáti ráčili, aby to foitstwí a žiwnost, kteréž jest po nebožtíku Wáclawowi Hatlakowi pozuostalo, k obecnímu dobrému a na potomní časy užitečnému kaupiti mohli, podwolujíce se nyní, i na budaucí časy, to tak opatrowati, že usedlá osoba z prostředku obecního, hodná k auřadu richtářskému, každého roku nyní i na budaucí časy wybírána (kterážby auřad richtářský w sprawedlnosti k každému, chudému i bohatému, zprawowala) býti, s powolením naším, aneb auředníka našeho, má. Kdež My prohlédajíc na takowé ponížené prosby jejich, i tolikož zření obzwláštní předkem majíc, že jsú w Budišowě, a na tom panstwí našem chudí poddaní naši wždycky ustawičně, a neproměnitedlně u wíře církwi swaté pod poslušenstwím stolice apoštolské trwali a stáli, nýbrž podnes w tom trwají, a na potomní časy při té wíře státi a trwati, i tolikéž Nám we wšelijaké poddanosti a poslušenstwí a budaucím potomkuom našim, biskupuom Olomúckým, powinni budau, chtíce také tomu, aby se tím snážeji, a lépe w městečku našem chudí lidé, poddaní naši w Budišowě, pod Námi žiwili, grunty a statky swé oprawowati, a nás i budaucí potomky naše biskupy Olomúcké tím lehčeji powinnými robotami, a wšelijakými poplatky odbýwati mohli, s dobrým rozmyslem a jístú wuoli a wědomostí naší, jim Budišowským pro dobré a užitečné obecné to foitstwí w Budišowě, kteréhož nebožtík Wáclaw Hatlák wdržení byl, jmenowitě tři lány rolí, a ktomu čtyry člowěky rolníky a gednoho zahradníka, též tři mleyny poplatné, chrastinu, lauku, což k tey richtě od starodáwna přináleželo, z zwláštní milosti a náchylnosti naší z příčin weyš dotčených jsme dopustili kaupiti, a tímto listem naším takowéto kúpě jim sami od sebe i budaucích biskupuow Olomúckých, potomkuow našich, pro obecné dobré a užitečné potwrzujem, chtíce tomu, aby oni Budišowščí nyní, i na potomní časy tu richtu k rathúzu obrátíc a jiný statek swrchu jmenowaný k tomu příslušející k obecnému dobrému, a užitečnému drželi a opatrowali, a richtáře podlé podwolení sweho jednu osobu, kterážby se k tomu auřadu hodila, z prostředku obecního s powolením naším, neb auředníka našeho, na budaucí časy wolili, kterážto osoba richtářská tak wolená, bude powinna, přísahu podlé obyčeje a pořádku, jako i jiní starší učinili, kdež zato Budišowščí, poněwadž nám i budaucím biskupuom Anffang, kterýž nám na tey richtě sprawedliwě náležel, zcházeti bude, jmají a powinni budú, Nám a potomkuom našim, nyní i na budaucí časy platu stálého čtyry zlaté, každý rok, počnúce při swatém Wáclawě neyprw příščím dwa zlatá, a potom zase o swatém Jiří dwa zlaté, geden zlatý po třidcíti grošich, a jeden groš, sedm peněz bílých počítajíc, dáwati a zprawowati, a nadto weyše, kdyžby kolwěk potřeba naše buď na wojnu aneb na zámky naše při wálečném času ukazowala, tolikéž nám i budaucím biskupuom Olomúckým mají a powinni budú, tak jakž weysadnost od předkuow našich w sobě obsahowala a zawírala, hodný kuoň s pacholkem dobře zbrojný s sedlem a jinými k tomu potřebami bez wšelijakých omluw na náklad swůj wyprawiti, a w místo od nás jim ukázané, jej poslati. Wšakž předešlá wšecka nadání a weysady tímto listem a obnowením našim na to foitstwí w Budišowě swědčící, maříme a w niweč obracujeme, než sobě i budaucím biskupuom Olomúckým na tom wrchnosti a panstwí pozůstawujem.

Tomu na swědomí pečet naši wlastní k tomuto listu s jistú wuolí a wědomostí naší přiwěsiti jsme rozkázali. A my kněz Jan z Telče děkan, kněz Mathyáš probošt, kněz Martin Schmoltzar arciprysst, kněz Martin Procek starší kanowník, i wšecka kapitola kostela Olomúckého, k tomu k wšemu, což se w tomto listu píše, jsme přiwolili a přiwolujeme, kdež pro lépší toho wědomost pečet naši kapitulní také k tomuto listu přiwěsiti jsme dali.

Jenž jest dán a psán w Olomúci, w středu po swatém Janě Křtiteli božím, leta Páně tisícého pětistého padesátého osmého počítajíce.

Dieselbe in deutscher Uebersetzung.

Wier Marcus von Gottes gnaden Bischoff zue Ollmütz ɔc. Thun Kundt hiemit diesem Brief offentlich vor Jedermenniglichen, dass vor Vnss erschienen sein die vorsichtige Burgermeister, Richter vndt Eltesten auch im Nahmen der ganzen gemein Zue Bautsch Vnsere Liebe getreue Vnterthanen, Vnss demütigst bitende, Wier geruheten auss absonderlicher Vnserer genadt ihnen souil vergünstigen damit sie von Weylandt Wenczel Hallagk die nachgelassene Vogtey vndt grundtstukh der gemein Zue Besten nuz vndt auf Ewige Zeiten zue geniessen, erkaufen mögen, versprechendt nun vndt zue Ewigen Zeiten eine Ingesessene vndt Qualificirte Persohn zue dem Richterambt (die dass Richterambt vndt die Gerechtigkeit einen Jedwedern Armen vndt Reichen administriren möchte) auss den gemeinen mitteln solle erwehlet werden. Inbetrachtung ihres so unterthänigen anflehenss, befürderist aber ein absonderliches absehen darauf Tragendt, dass zuer Bautsch, vndt auf derselben Vnserer herrschaft, Vnsere Arme Vnterthanen, Iz vndt allezeit bei dem glauben der heiligen Kierchen, vndt vnter den gehorsamb dess Apostolischen Stuel beständig vndt vnueränderlich verharret, vndt geblieben, annoch vndt biss auf diesen Tag verharren, Vndt damit Sie nun auf künftige Zeiten Bei gedachtem wahren glauben Standthaftig halten vndt verbleiben, auch vnss vndt vnssere nachkombenden Bischofen zue Ollmuz ɔc. mit allen schuldigen gehorsamb vndt Vnterthänigkeit verpflicht vndt verbunden bleiben; Wollendt beinebenst auch dass gedachte Arme leuth Vnssere vnterthanen in Vnseren Städtlein Bautsch vnter Vnss sich desto füeglich vndt leichter ernehren, ihre Gründt vndt gütter verbessern, auch Vnss, Vnssere Nachkomben Bischofen zue Ollmüz vmb desto Rubiger mit denen schuldigen Robothen vndt allerlei Zinssenanführung Befriedigen vndt Contentiren möchten, Solchemnach Wier auss Wolbedachten Mueth, vndt mit Vnsserm gewissen, Willen vndt wissen, ihnen Bautschern zue gemeinen besten Nuczen vndt fromben, gemelte Vogtey Zuer

Bautsch so Weyland Wenczel Hatlagk bessessen, Benentlichen drey Hueben Agker mit Vier Agker Pawer, Einem Gärtner, Wie auch drey Zinss Mählen, Puesch, Wiessen, mit allen denen zue mehrgedachter Vogtey von alters hero gebührenden Zuegehörungen, auss Vnsser besonderlichen genadt vndt Neigung der obangezogenen Vhrsachen halber, erlaubet zueerkaufen, vndt mit diessem Brief von Vnss vndt Vnssern Nachkombenden Ollmuzerischen Bischofen ꝛc. solchen kauf der Stadt Gemein zue guettem und Nuczen bestättigen, vndt Confirmiren. Wollendt dass Sie bautscher nun vndt auf Ewige Zeiten dass Gerichtshauss zum Rathhauss appliciren, dass ander aber obgenante Gutt, so darzue gehörig, der Gemein zue nuczen vndt gueten Inhaben vndt verwalten, auch Zum Richter lauth Ihres gethanen versprechens ein Persohn auss den gemeinen Mitteln, so zue diesem Ambt Tauglich wehre, mit Vnsser, oder Vnssers Haubtmans Bewilligung, auf künftige Zeiten wöhlen, Jedoch wird solche zum Richterambt erwöhlte Persohn nach dem gebrauch vndt ordnung wje sonsten andere Eltisten, dass Jurament abzulegen vndt zue leisten schuldig vndt verbunden sein. Vndt dieweilen Vnss vndt Vnssern Nachkombenden Bischofen der Auffang, so Vnss von gedachten Gerichtshauss von Rechtswegen gebühret, abgehen wirdt, Alss sollen die Bautscher schuldig vndt verbunden sein, zue dessen erstatung iezt, vndt zue Ewigen Zeiten Vnss vndt Vnssern Nachkomben, einen stäten Zinss Jedess Jahr Vier Thaler, anfangend am Nechstkombenden Sancti Wenceslai Tag Zwey Thaler, vndt wiederumben vmb Sanct Georgy zwey Thaler, Jeden Thaler zue 30 Groschen, vndt den groschen zue 7 Weissen Pfennig gerechnet, zue geben vndt abzueführen. Auch vber diess werden Sie, wan ess Vnssere Noturfft entweder zum krieg, oder auf Vnssere Schlösser bei krieges zeiten erscheinen, vndt erfordern solle, Vnss vndt zuekünfftigen Ollmuzerischen Bischofen ein taugliches Pferd sambt Einem Settel vndt anderen Zuegehörungen versehen, vnd wohlbewehrten Knecht, ohne einige wiederred auf eigenen Vncosten auszuestafieren, vndt an dass von Vnss ihnen bestimbte Ohrt zuestellen schuldig vnd verpflichtet sein. Jedoch Wollen Wier beinebenst alle andere auf die zum öftern gedachte Vogtey zue Bautsch lautende Priviligia, und Ausssäz, hiemit diessen Vnser Brief vndt Vernewerung, genzlich aufgehebt, Cassirt, vndt Annulirt, hingegen Vnss vndt zuekünftigen Bischofen in Ollmüz die Regierung vndt Supremum Dominium darüber Reseruirt, vndt vorbehalten haben.

 Dessen zue Vhrkundt, haben Wier Vnsser eigenes Insiegill zue diessem Brief mit Vnsserm gewissen Willen, Wissen anhengen zuelassen anbefohlen, Vndt Wier Priester Johann von Teltsch dechandt, Priester Mathiass Probst, Priester Martin Schmelczar Erzpriester, Priester Martin Protschek Eltistrr Thumbherr, vndt dass ganze Thumb Capitel dess Stieffts Ollmüez, haben auch diesses alless Wass in diessem Brief geschrieben stehet eingewilliget, vndt thuen einwilligen. Dehme zue besserer gedächtnuss haben Wier auch Vnsseres Capitelss Insigill zue diessem Brief anhangen lassen, Welcher datirt vndt geschrieben worden in Ollmücz den Mitwoch nach S. Joannis dess Taufers gottestag, In dem Christi Ein Tausendt fünfhundert Acht vndt fünfczigsten Jahre.

K. Urkunde vom 3 Sept. 1560.

My Marek z boží milosti biskup Olomúcký ɔc. oznamujem tímto obecně přede wšemi, že jsme mnohokrát často nabíhání a staráni s poníženými prosbami od opatrných purgmistra, starších Budišowských, i na místě wší obci, poddaných wěrných našich milých, abychom jim příhon a obeczní pastwiště jejich, kteréhož, jakž jsme zpraweni, od starodáwna pastwami užíwali, kterýž se počíná od Lamplperku po potůček, kterýž jde od rolí Hanušfrankowa zhůru k roli, a mezi swrchupsaného Hanušfranky až k črnému lesu a potůčku, kterýžto potůček dělí meze a hranice Budišowské a Starowesské, tak pod týž potůček až dolů k wodě, kteráž slowe Suché Budišowa, z zwláštní milosti naší potwrditi ráčili.

Kdež My nemohúce jejich takowé, jakž wýš dotčené časté prosby adepříti, tímto listem takowý příhon i s tím se wším pastwiskem, aby jeho bez wšelijaké překážky naší i budaucích biskupuow Olomúckých, potomkuow našich, užíwati mohli, potwrzujeme, wšakž sobě i budaucím biskupuom Olomúckým wrchnost na tom jako i na jiných gruntech pozůstawujíce. Tomu na swědomí pečet naši wlastní k tomuto listu jsme přiwěsiti rozkázali. Jenž jest dán a psán na Kroměříži w auterý po swatém Jiljí, léta Pánie tisícého pětistého šedesátého počítajíc.

Dieselbe in deutscher Uebersetzung.

Wier Marcus von Gottes Gnaden Bischoff zue Ollmucz ɔc. Vhrkunden mit diessem Brief offentlich vor Jedermenniglichen, dass Wier öfftermahls angeflehendt vndt mit demüttigen Biten Ersuecht sein worden, von denen Vorsichtigen Burgermeister, Eltisten der Stadt Bautsch, auch im Namen der ganzen gemein, Vnsserer Lieben getrewen Vnterthanen, Wier geruheten ihnen ihr gemeine Pžzihon vndt Wiehewaidt, welche Sie wie wier berichtet worden, von altershero mit Waiden genossen, die da anfängt von Lampelssberg Biss zum Bächel, welches von dess Hannss Frankes Agker hienaufwerts zue dem Agker, vndt zwischen obgedachtens Hannss Frankes biss zum Schwarzen Waldt vndt Bachel, welches Bachel die Grenzen der bautscher vndt Altendorfer von einander scheidet, alsso biss an diesses bachel bis hinobwerts zum Wasser die da Dirre Bautsch heisset, auss sonderbahrer Vnserer genadt bestättigen. Weilen Wier nun Ihres vielfeltiges vndt instendiges anhalten, Wie obgemeldt nit abschlagen können, Alss thuen Wir hiermit diessem Brief, damit sie solchen Pžzyhon sambt aller der Viechwaidt ohne einigerlei Vnser vndt Vnserer Nachkomben Ollmuzerischen Bischofen Hinderung geniessen mögen, Ihnen solches bekräfftigen. Jedoch vnss vndt künftigen Bischofen zue Ollmucz Jus Supremi Dominij darüber gleich wie vber andere vnsere gründt vorbehaltendt.

Dehme zue Gedächtnuss haben Wier vnser Eigenes Insiegill zue diesem Brief anhangen zuelassen anbefohlen. Welcher datirt vndt geschrieben worden Zue Crembsier den dinstag nach S. Egidytag, In den Christi Ein Tausend Fünffhundert vndt Sechczigsten . . . . Jahre.

L. Urkunde vom 20 Sept. 1564.

My Marek z boží milosti biskup Olomucký ɔc. oznamujeme tímto listem obecně přede wšemi, že jsauce často hledáni a pokornými prosbami poníženě prošeni od opatrných purgmistra a starších městečka našeho Budišowa i na místě wší obci, poddaných wěrných našich milých, abychom jim jarmark roční wyzdwihnúti, a jim na něj obdarowání a weysadnost na určitý den a čas učiniti ráčili, k jejichžto takowým ustawičným poníženým prosbám jsauce nakloněni a chtíce aby též městečko naše Budišow a w něm poddaní naši seděti a žiwnosti swých tím lépe hleděti i také se tam stawěti a oprawowati, nýbrž nás a potomky naše, biskupy Olomúcké, tím snážeji a lehčeji poplatky adbýwati mohli, jim Budišowským, nynějším i budúcím, tuto zwláštní milost obdarowání s weysadností toho jarmarku ročního činiti ráčíme, a tímto listem naším wyzdwihujeme, powolujeme a wysazujeme, totižto, aby na časy budaucí jarmark w prwní pondělí před swatým Mathaušem každý rok jměli, a kdyžby se swatého Mathauše w pondělí trefilo, aby předce prwní pondělí předtím ten jarmark jměli a drželi, tak aby na tom jarmarku wysazeném jeden každý domácí neb přespolní člowěk, zwláště při frejunku, koně, dobytky wšelijaké, malé i weliké, i jiné wěci wšelijaké, kterýmiby se koli jmény jmenowati mohly, plnú swobodu jměl kupowati i prodáwati; wšakž aby ten jarmark roční na weyš jmenowaný den wysazený, tím wším obyčejem a zpuosobem drželi a užíwali, jak se při jiných swobodných jarmarcích w městech a městečkách w tomto markrabstwí Morawském zachowáwá, a to bez ujmy jiným na jejich sprawedlnostech na trzích a jarmarcích. Tomu na swědomí a toho wšeho na potwrzení pečeť naši wlastní s naším jistým wědomím k tomuto listu jsme přiwěsiti rozkázali. Jenž jest dán a psán na zámku Kroměříži w středu před swatým Mathaušem apoštolem božím, léta Páně tisícého pětistého šedesátého čtwrtého počítajíc.

Dieselbe in deutscher Uebersetzung.

Wier Marcus von Gottes gnaden Bischoff zue Ollmucz ɔc. Thuen kundt mit diesem brieff offentlich vor Jedermenniglichen, Demnach Wier zum öfftern mit ganz demütigen bitten, von denen vorsichtigen Burgermeister vndt Eltisten vnsseres Städtlein Bautsch auch im Nahmen der ganzen gemein, vnssern Lieben getrewen Vnterthanen Ersuecht vndt gebethen worden, Wier geruheten Ihnen Ein Jährlich Markt erhöben, vndt mit ertheilung Priuilegij hierüber solchen auf gewissen Tag vndt Zeit aussezen. Weilen Wier nun durch solch ihres Instendig: vndt demütigsten anhalten beweget worden, vndt wollendt, damit gedacht vnser Städtel Bautsch vndt dessen Vnterthanen darinnen verbleiben, vndt ihren Wirdtschafften desto besser abwarten, auch daselbsten wieder aufrichten vndt verbessern, Wie nicht weniger Vnss vndt Vnsern nachkombenden Bischofen zue Ollmucz vmb desto schleiniger vndt leichterer die Zinssen abführen möchten. Alss thun Wier ihnen bautschern Jezigen vndt künftigen diesse besondere Gnadt vndt Priuiligiam, mit aussezung eines Jährl. Markts gnedig ertheilen, vndt hiermit diessem Brief solchen erhöbendt, bewilligt, vndt angesezt haben wollen, Nemblich auf dass Sie Immer vndt auf Ewige Zeiten Jährlichen Markt den Ersten Montag vor St. Mathei Jährlich, vndt wan S. Mathaei sich am Montag betrefen möchte, sollen Sie doch den Ersten Montag darfür solchen Jahrmarkt haben vndt halten, Solcher gestalt dass an diessem angesezten Jahrmarkt ein Jeder, Er sey Einheimisch oder frembder, absonderlich in wehrender freyung, Ross, Vieh, vndt allerlei kleine und grosse Wahren, wie Sie Immer Nahmen haben möchten, freye macht habe zue kaufen, vndt zuuerkaufen. Doch sollen Sie den obgemeldt: vndt an obbestimbten Tag angesezten Jährl. Markt allem dem Gebrauch vndt ordnung nach, wie es bei anderen offenen oder freyen Jahrmarkten in den Städten vndt Städtlein diesses Marggraffthumbs Mähren gehalten wird, vndt solches ohne nachtheil anderen an Ihren auf denen Wochen- vndt Jährmarkten habenden Gerechtigkeiten. Zue Vrkundt dessen, vndt allen vndt ieden, Zue Bekräftigung haben Wier Vnser Eigenes Insigill zue diessem Brief mit Vnsserem gueten wissen beuohlen anzuehengen; Welcher datirt vndt geschrieben worden auf dem Schloss zu Crembsier am Mitwoch vor S. Mathaei dess apostel Gottes tag, im 1564 Jahr.

M. Urkunde vom 30 Nov. 1577.

Nos Joannes, Dei et Apostolicae Sedis Gratia, Episcopus Olomucensis, Notum facimus tenore praesentium universis, pro parte Juratorum totiusque Communitatis Civitatis nostrae Budischaw privilegium quoddam in pergameno Scriptum Cum Sigillo Venerabilis Capituli Ecclae nostrae Olomucensis, quod quondam Episcopus Nicolaus, antecessor noster piae memoriae, illis contulit, nobis fuisse hibitum, sed ob defectum alterius Sigilli praefati antecessoris nostri, quod casu inopinato Separatum esse dicebatur, uitiatum. Vnde eorundem iuratorum ac totius Communitatis praefatae nostrae, Civitatis nomine, nobis humiliter fuit supplicatum, quatenus illis Specialem gratiam facientes, huius modi Priuilegium iterum innouare approbare ratificare Confirmare, ac omnem ejusdem Priuilegij defectum supplere autte ura dignaremur. Cuius quidem Privilegij tenor de uerbo ad Verbum fuit et est talis: In Nomine Domini Amen. Nos Nicolaus Dei et Apostolicae Sedis Gratia etc. (wie in der Urkunde D enthalten ist; bis: ut alter ciuis, iura, necessitates ac onera ciuilia ad debitum supportare). In quorum Testimonium nostrum Sigilum una cum sigilo dicti Capituli nostri Olomucen: praesentibus sunt appensa. Actum et Datum in Castro nostro Mieraw Anno Domini Millesimo Trecentesimo Octuagesimo Nono Feria quarta proxima post Diem Sancti Andreae Apostoli gloriosi Praesentibus Honorabilibus et discretis Viris Dms. Magistro Sandero Archydiacono Prerouiens: et Canonico Ecclae Olomucens: Henrico de Fulnstein Capitaneo Episcopatus nri: Bernhardo Hecht de Schuzendorff Gerhardo de Meraw, Idoco de Wolffsberg. Brunone Marescallo Joanne Plebano de Brunsberg et Hintzone Notariis nris, ac alijs quam Pluribus fide dignis testibus, ad praemissa. Nos itaque praecibus praefatorum subditorum nostrorum tanq. iustis ac honestis inclinati considerantes id omnibus ac singulis ejusdem Ciuitatis nrae Budischaw incolis utile esse ac necessarium, nec non ad bonitatem privati, quam etiam publici conseruationem accommod tum, praeinsertum priuilegium Cum omnibus suis punctis et Clausulis animo deliberato praefate ciuitati nostrae gratiose iterum innuanimus, approbauimus, Ratificauimus atque Confirmavimus: pro ut praesentium uirtute innouamus approbamus Ratificamus, atque confirmamus defectum omnem eiusdem priuilegij quem hisce literis nrs. pro expresso haberi uolumus autte nostra qua fungimur supplentes: uolentes insuper ac decernentes ut huius modi priuilegio supra inserto iurati omnesque et singuli praefatae Ciuitatis nostrae incolae utriusque sexus sine ullo nostro aut officialium nostrorum praesentium aut futurorum quorum cunque et etiam successorum nostrorum impedimento perpetuis temporibus libere et pacifice gaudere ac frui possint et ualeant. In quorum omnium robur et euidentius Testimonium, sigillum nrum maius ex mandato nro. praesentibus est appensum, Datum in arce nostra Cremsirien: die Sancti Andreae Apostoli quae fuit ultima Dies Nouembris, Anno Dni Mille^{mo} Quinq^{mo} Septuagesimo Septimo ·/.

(L. S.)

Ad mandatum ejusdem Rev^{mi} Dni.
Stanislaus Pawlowsky, Praepos.
Brun^{sis} Scholasticus Olomucensis.
Cancellarius.

N. Urkunde vom 28 Nov. 1577.

My Jan z boží milosti biskup Olomúcký ɔc. wyznáwáme tímto listem obecně předewšemi, kdežkoli čten, anebo čtaucí slyšán bude, že jsau před nás představili robotní poddaní naši z Šnéwaldu, z Hundersdorfu, z Naydorfu a z Altendorfu, na panstwí našem Budišowském ležící, nám we wší poníženosti oznamujíc a swědky hodnowěrnými podlé práwa a pořádku markrabstwí tohoto Morawského wyslyšenými ukazujíc, že jsau od předkuow našich slawné paměti biskupuow Olomúckých list, neboližto obdarowání na odaumrtí sobě daný měli a podlé toho obdarowání odaumrtního se wždycky chowáwali; ale že takowé obdarowání jim skrze zlé lidi s některými ginými kostelními klýnoty ukradeno jest, w tom nás we wší poníženosti a poddanosti s pokorau prosíce, abychom jim nahoře jmenowaným Šnéwaldským, Hundersdorfským, Naydorfským, a Altendorfským, wšem společně z naší zwláštní milosti jiné obdarowání na takowú adaumrť dáti ráčili. I wzhlédnauce k jejich takowé snážné prosbě, a znajíc w tom dobré a užitečné těch chudých lidí wšech býti, že se tím lépe tu tiž lidé osazowati budú a žiwnosti swé hleděti, s dobrým rozmyslem, a mocí listu tohoto dáwáme nyní i na časy budaucí k tomu naši dobrú wuoli swrchu psaným lidem našim we wsi Šnéwaldu, Hundersdorfu, Naydorfu, a Altendorfu, wšem wespolek i jednomu každému zwláště, obogího pohlawí, aby za zdrawého žiwota, neb na smrtedlné posteli, o statku swém mohowitém i nemohowitém, jakýmižby koli jmény jmenowán býti mohl, zřízení a kšaft učiniti, a statek swůj aby mohli poručiti, odkázati přáteluom swým, lidem hodným, komužby se jim zdálo a líbilo, bez naší i budaucích potomkuow našich, pánů a držiteluow těch wsí wšelijaké překážky, ale wšak s tau weymínkau, aby ti, kterýmžby w těch dědinách statek byl poručen, přes pole aneb jinam na cizí grunty toho, cožby jim poručené bylo, odtud nezdwihali, nebrali, lečby nám i budaucím potomkuom našim na našich důchodech sprawedliwých nic nescházelo. Jestli žeby pák koho z obywateluow tey dědiny pán buoh z tohoto swěta powolati ráčil a ten žeby žádného zřízení a kšaftu o statku swém neučinil, tehdy ten statek aby připadl ženě a dětem jeho; Pakliby ženy ani dětí neměl, tehdy ten statek aby připadl neybližšímu příteli; wšak aby pátý díl toho wšeho zuostalého statku k duchowenstwí na oprawu kostela neb špitála, tu kdežby se nám a budaucím potomkuom našim neylépe zdálo a líbilo, obrácen byl, a foith a konšelé tey dědiny hned po smrti toho, kdožby statku odemřel, we čtrnácti dnech podlé powinnosti a přísahy, kterúž jsú nám zawázáni, ten statek odemřelý wěrně a práwě šacowati mají, a ten dědic neb neybližší přítel, komužby se ten statek odemřelý dostal, má a powinen bude, hned w polúletí pořád zběhlém, ač nemohloliby prwé býti, pátý díl statku konečně dáti a wyplatiti beze wšelijaké odpornosti k záduší toho umrlého, k tomu kostelu neb špitáli, kdežby jemu od nás aneb budaucích potomkuow našich rozkázáno bylo.

A jestližeby se z přátel toho umrlého žádný k tomu statku w plném roce pořád zběhlém neohlásil, tehdy aby se foith a konšelé tey dědiny w ten statek uwázali, jej dochowali do času jmenowitého, a po tom času s naší a potomkuow našich wuolí aby ten statek obrátili na něco užitečného tey obce a dědiny, kromě pátého dílu toho statku, ten aby byl obrácen k záduší, tak jak se swrchu píše. Tomu na swědomí pečet naší wlastní jsme k tomuto listu přiwěsiti rozkázali. Jenž jest dán a psán na Kroměříži we čtwrtek po swaté Kateřině, léta Páně tisícího pětistého sedmdesátého sedmého počítajíc.

Dieselbe in deutscher Uebersetzung.

Wier Joannes von Gottes gnaden Bischoff zue Ollmücz ɔc. Bekennen hiemit diesem Brief ofentlich vor Jedermenniglichen wo Er gelessen oder lesen gehöret wird, dass vor Vns erschienen sein, vnssere auss Schönwaldt, Gunderssdorf, Neudorf vndt Altendorf auf der Herrschafft Bautsch liegende Robothschuldige Vnterthanen Vnss mit tiefester Demuth zue gemuth führendt, vndt glaubwürdige Zeugen, nach der Rechten vndt Landessordnung diesses Marggraffthumbs Mähren verhörten, vorbringendt, dass Sie von Vnseren Vorfahren hochlöblicher Gedächtnuss Ollmuzerischen Bischofen Ein Brief oder Priuilegium wegen anfahls gehabt, vndt laut solcher Begnadigung von den Anfahl sich allezeit erhalten haben. Dieweilen aber solches Priuilegium durch Böesse Leuth mit etlichen andern kierchen Clenodien Ihnen weggenomben worden, Vnss dahero mit Tiefester demuth vndt vnterthänigkeit gebethen, Wier geruheten obbenandten Schönwäldern, Gunderssdorfern, Neydorfern vndt Altendorfern allensambentlich auss sonderbahrer Vnser Gnadt, andere Begnadung dess besageten anfahlss halben ertheilen; Diessen nach Ansehung solches Ihres so Instendiges Anflehens, auch betrachtendt, dass Ess diessen Armen Leuthen zue guetem vndt nuzen gereichet, Sie sich desto besser daselbsten sezen, vndt ihrer Nahrung abwarten werden können, Auss wolbedachtem muet vndt krafft diess Briefs geben Wier Vnseren willen darzue, Nun vndt auf Ewige Zeiten, Vnseren gemelten Vnterthanen von Schönwaldt, Gunderssdorff, Neundorf vndt Altendorf allen samentlich, vndt Einem Jedwedern besonderst, beedes geschlechts, dass sie bei ihrem frischen vndt gesunden leben, oder auf dem Todtbett ihre Bewegliche vndt unbewegliche Gütter, wie sie genandt werden mögen, legiren, vndt verschaffen können Ihren freunden vndt Ehelichen Leuthen denen Sie vermeinten, vndt Ihnen Beliebte, ohne Vnsser oder Vnseren Nachkomben Herrn vndt Inhaberen gemelter Dörfer einige Hindernuss. Doch diesses vorbehaltendt, dass die Jenigen denen dass in obgesagten Dörfern guett verschafft wurde, von dannen nichts erheben, noch hinweg nehmen, es sey dan Vnss vndt Vnseren Nachkomben nichts an Vnsseren Rendten vndt gerechtigkeiten zuegleich abginge, Wan aber geschehen sollte, dass einer auss den Einwohnern gemelter Dörfer mit Todt abginge vndt vor seinem ableiben kein Testament vndt richtigkeit seiner Verlassenschafft nicht machte, alsso solle dass Verlassene Guett seinem Weib vndt kindern heimbfallen, Wofern Er aber weder Weib noch kinder haben solte, Alssdan sol diesses Guett seinen nechsten Befreundten heimbgefallen sein; doch solle der fünfte Theil von der gantzen Verlassenschafft Ad pias Causas, entweder zue Verbesserung der kierchen, oder Spitalss, wo es Vnss oder Vnseren Nachkomben am Besten gedunkt, vndt beliebig wehre, angewendet werden; Vndt sollen Richter, gschworne dess Dorffs alsobalden nach absterben solches so ab intestato gestorbenen, Innerhalb Vierzehen Tag Bey Verbindung dess Vnss geleisteten Juraments, solche ab intestato verlassene Haab vndt guetter trewlich vndt aufrichtig Schäzen. Auch solle einer Erb oder nechster freundt, deme solches guett einfiehle, schuldig vndt verbunden sein Innerhalb dess nechsten Halben Jahrs (dan Wan es auch Ehe geschehen könnte) den fünften Theil solichs guets ohne einige wiederrede würklich geben vndt erlegen für die seel dess Verstorbenes, vndt zue der Jenigen kierchen oder Spital, wohin es von Vnss oder Vnssern Nachkomben zue erlegen anbefohlen werden möchte.

Vndt Wofern Innerhalb Eines Halben Jahrsfrist, keiner auss den freundten dess Verstorbenen dess verlassenen guetts halber sich anmelden thete, Alss solle der Richter vndt geschworne dess Dorfs sich dess Guetts annehmen, dasselbe verwahren, Bis zuer Bestimbten Zeit; vndt nach Verfliessung dessen sol gedachtes Guett mit Verwilligung Vnser oder Vnserer Nachkomben zue noturfft vndt nuzen der gemein vndt dess Dorfs, den fünfften theil aussgenomben, so ad pias causas wie obgemelt gehörig, angelegt vndt angewendet werden.

Dessen Zue Vhrkundt Haben Wier Vnser eigenes Insigill zue diessem Brief anhängen anbefohlen, Welcher datirt vndt geschrieben zu Cremsier den donnerstag nach S. Catharinaetag In dem Christi Tausent Fünfhundert Sieben vndt Siebenczigsten Jahr.

(L. S.) *Joannes Epus. Olomucensis.*

O. Urkunde vom 2 Nov. 1581.

My Stanislaw Pawlowský, z boží milosti biskup Olomúcký ɔc. wyznáwáme timto listem obecně přede wšemi, že majíce časté zprávy, jaká se nemírnost a neřádowé při wyklučowání lesuow, a se w ně wkládaní na panstwích našich Budišowském, nadto pak weyše Libawském, až dosawád dáli, a seznajíc to, že předkowé naši i My jsme těchž panstwí, jak z strany hospodářstwí ničímž, tak také platy stálými welmi málo užíwali, nemohli jsme z náležité powinnosti naší toho pominauti, než na ta panstwí osobně k shlednutí těch gruntů, lesů, klučenin, rolí a luk w nowě zdělaných, i jiných případností dojeti, a těm wšem wěcem wyrozumějíc, a s některými osobami z kapitoly kostela našeho Olomúckého, spolů pány bratřími našimi zwláště milými a jinými raddami to w uwážení bedliwě majíc, nařídili a i potomně podruhé wyslali jsme k přetržení těch wšech nepořádů, a w dobrý řád, nám, tomuto biskupstwí a kostelu našemu Olomúckému užitečný, a těmž lidem, poddaným našim, bez obtížení snesitedlný uwedení, urozené wládyky Floriana Prawětického z Radwanowa a Woka z Chynic a na Nochwalině, písaře práwa menšího zemského margrabstwí Morawského, a Jiříka Kamenhorského z Kamenné Lhoty a na Těšňowicích, písaře práwa manského biskupstwí Olomúckého, werné milé, kteřížto na místě naším wyslání, s těmi obojími poddanými z těch panstwí na tom se snesli: Předkem, abychom na těch panstwích žádného hospodářstwí, folwerku aneb dworůw, kteréž jak někdy předkowé naši slawné paměti, tak i My wystawěti dáti sme chtěli, tolikéž poněwádž oni w Budišowě, i w Libawě piwowáry a sladowně swé mají, jiného piwowára a sladowně nezaráželi, že se w to dobrowolně od sebe i budaucích potomkuow swých z té obzwláštní náchylné poddanosti, kterúž k nám, k tomuto biskupstwí a kostelu našemu Olomúckému, jakožto werní poddaní mají, platy starobylé swatojirské a swatowáclawské, kteréž při termínich těch až dosowád dáwali, duplowaně aneboližto dwojnásobně, a k tomuto něco owsa, slepic a wajec, tak jakž to wšechno, co toho z které dědiny wycházeti má, do register hlawních ze jména zapsáno jest, nyní i na budaucí časy dáwati, a zprawowati uwolují. I znajíce My jejich takowé dobrowolné powolení s dobrým naším a biskupstwí tohoto, i jejich žiwnosti s lepším býti, jsme to od nich milostiwě přijíti a je přitom tak zůstawiti ráčili, chtíce tomu a jich mocí listu tohoto prázdné činiti ráčíme, aby wšech wšudy robot, dwořských a piwowarných, jak ta města tak i wšechny wesnice, při těch městech a na tom panstwi usedlí, proti zprawowání Nám a budaucím potomkuom našim, biskupuom Olomúckým, nahoře dotčeného duplowaného, neboližto dwojnásobního platu při každém času swatého Jiří a swatého Wáclawa, též zprawowání toho owsa, slepic a wajec (kromě těch, kterýmž Nám furami a powozy, totiž dříwím k stawení neb k cihelni, též obilí, slepic a wajec odwážením do Olomúce powinni jsau, na nichž je sobě a budaucím potomkuom našim pozůstawujeme, w kteréž také nad možnost jejich potahowání a obtěžowání býti nemají) nyní i na budaucí časy prázdni byli, a aby w těch obúch městech mohli sobě slad w swých sladowních dělati, a z nich piwa jak odstarodáwna wařic, je do těch dědin a wesnic, k jednomu každému městu ku práwu náležejících, k šenkowání, jako i spolů obywateluom a sauseduom swým wystawowati a do těch wesnic aby pod žádným wymyšleným způsobem a od Nás i budaucích potomkuow našich skutečným trestáním fojtowé piwa, nežli z těch měst, které dědiny ku kterému toho města práwu náleží, nebrali; ledybychom My i s budaucími potomky swými toho kdy kterému při hodech neb poswícenich w té které dědině kufu, dwě a nejwíce do třech w roce wyšenkowati dopustili, a wíce třech kuf od Nás i budaucích potomkuow našich se toho piwa žádnému z těch foth ani jinému w těch dědinách šenkowati dopustiti nemá. Co se pak jejich weyhodnuow neb pruohonuow buď při městech neb wesnicích dotýče, při těch, podlé zwyklosti starobylé a jich užíwání se zůstawují. A jakož též někteří lidé na těch panstwích nemálo klučenin w lesích Našich sobě byli zdělali, a z toho Námi předkuom Našim dosti skrowné platy zprawowali, a i někteří nic nedáwali, tak jak také zegména w registřích hlawních téhož panstwí zapsáni jsau, poněwadž sú se s týmiž wyslanými našimi a platy, že ročně je při terminích nahoře psaných na budaucí a wěčné časy i s potomky swými zprawowati mají, srownali, přitom toho zuostawujem a od žádného jim wíce platu na ty kluče niny přičiněno, ani jim jich odjímáno býti nemá. Lečby sobě z nich někteří wíce, co k tomu w lesích Našich s wědomím a dowolením Naším nebudaucích potomkuow našich, připlanili, z těch budú powinni také jim uložené platy, jako jiní z nahoře dotčených zprawowati. Také též města mají swobodu jmíti, podlé starobylého zpuosobu wína, jako w jiných městech a w městečkách biskupstwí a knížetstwí našeho, zachowajíc w tom dobrý pořádek, šenkowati, a k užitku Našemu a budaucím potomkuom Našim též powinni budú každého roku tu w Budišowě dwě bečky w slušných penězích wyšenkowati. Nadto pak weyše těmž městům Našim Budišowu a Libawě tu milost činiti ráčíme, aby mohli swobodně s solí handlowati a kupčiti, w čemž se jim žádná překážka činiti, ani žádný z wesnic tauž solí handlowati nemá, lečby sobě tu milost a weysadnost od předkuow našich slawné paměti někdo udielenú a prwé to za práwo a swobodu měl.

Tomu na swědomí a toho wšeho potwrzení pečet naši wětší s naším jistým wědomím a wuolí přiwěsiti k tomuto listu sme rozkazáti ráčili.

Jenž jest dán a psán na zámku našem Kroměříži we čtwrtek po památce slawnosti Wšech Swatých, letha Páně tisícého pětistého osmdesátého prwního počítajíc.

Dieselbe in deutscher Uebersetzung.

Wier Stanisslaus Pawlowssky von Gottes gnaden Bischoff zue Ollmücz ɔc. bekennen offentlich mit diessem Brief vor Jedermenniglichen, dass Vnss zum öftern nachrichtlichen vorkomben vndt vorgebracht worden, wie grosse Vngleichheit vndt schädtliche vnordnung bei aussreitung der Wälder, vndt deren sich inpatronicirung, auf Vnsern guettern Bautschischen, wie auch der Lybawrschen Bisher vorbey gangen; In erwegung nun, dass weder Vnsere forfabrer, noch Wier gedachter gätter in Wirtschafftssachen oder gefällen gar nichts: in den stetten Zinsen aber sehr wenig genossen haben, Auss obliegend schuldigkeit haben Wier nicht können solches vngeandet hingehen lassen, sondern seindt in Persohn auf obbemelte Herrschafften, die durch aussreüttung der Wälder von Neuen gemachte grundtstük, Agker, vndt Wiessen, wie auch andere gelegenheiten zue besichtigen verreiset; vndt nach dehme Wier mit etlichen auss den Capitel Vnseres Stiffts Ollmucz hierzue gezogenen Persohnen, Vnsern besonders Lieben Herrn Mitbrüedern vndt andern Räthen die sachen zuuor angehört, vndt reuflich erwogen, alle notwendige Verordnung diessfahlss gethan, Auch hernachen alss so haben Wier zum andernmal zur abstellung der eingerüssenen Vnordnungen vndt damit alles vndt iedes wiederumben in güete, Vnss diessem Bistumb vndt Vnserem Ollmuzerischen Stifft nuzliche vndt erspriessliche, Ihnen Leuten Vnseren Vnterthanen wol erträgliche Ordnung gebracht werden möchte, dahin abgeschikt die Wol Edle Herrn Florian Prawieticky von Radwanow vndt Wokachenicz, vndt auf Nechwalin Landtschreiber der Niedern Rechten dess Marggraffthumbs Mähren: vndt Georgen Ramenohorsky von Kamenahora vndt auf Tischnowiz, Lehen Rechtsschreibern diesses Bistumbs Ollmuz, Liebe getreue, die da im Nahmen und Anstatt Vnser mit denen Beeden Herrschafften Vnterthanen die sachen also verglichen vndt mit einander abgeredt haben. Erstlich sollen Wier auf gemelten Herrschaften kein Wirthschafft, Vorwergs, oder Meyerhöff die vor diessem, sowohl Vnseren Vorfahrern Löbl. gedächtnuss alss auch Wier aufrichten zue lassen in willens gewesen, zue deme Weilen sie zue der Baatsch vndt Lybaw ihre selbst eigene brew noch Malzhauss anuerbawen oder aufrichten, dass sie alsdan für sich vndt ihre künftige Nachkomben, auss ihrer gegen Vnss, diesem Bistumb vndt Vnserm Ollmuzischen Stifft besonderlich geneigt vndt habenden Habenden Pflicht vndt Vnterthänigkeit, alss getrewe Vnterthanen des Vbralten Sancti Georgy vndt Sancti Wenceslav zinssen so sie bey gedachten terminen bisshero gegeben, hinführo Zweifach oder Gedoppelt, vndt darzue etwass Von Haber, Hünnern, vndt Ayern, wie solches alless Wass von einem iedwedern Dorf komben sol, albereit in den Haubt Registern mit Nahmen aufgeschrieben stehet, nun vndt auf Ewige Zeiten zue entrichten vndt abzueführen sich guetwillig anerbieten vndt bewilligen; Dieweilen Wier nun dass solches guetwilliges anerbieten Vnss vndt diessem Bistumb zu guetten, auch Verbesserung Ihrer Nahrungen gereichet, befunden, alss Haben Wier von Ihnen für bekandt an: vndt aufgenomben, vndt sie alsso darbei genedig gelassen. Wollen diessemnach vndt krafft diess Briefs Sie gnädig befreyen, dass sowol diesse Städt, alsso auch die bei diessen Städten gelegene Dörfer vndt auf diesser Herrschafft Haussgesessene Leuth, gegen abführung Vnss vndt Vnsern Nachkomben den künftigen Bischofen zue Ollmuz, dess obgesezten Zweyfach: oder gedoppelten Zinss, Jedermahl zue rechter Sancti Georgy vndt Sancti Wenceslay bestimbten Zeit, auch guetmachung dess Haberss, Hünner, vndt Ayer, aller zue denen MeyerHöfen und Brewheusern gehörigen Robothen (ohne der welche sie Vns mit fuhren vndt Wägen zuethuen, Benentlichen dass Holz zum Gebrew- oder Ziegelofen, wie auch dass getreidt: Hünner vndt Ayer nacher Ollmuz zue liefern schuldig sein, Bei welchen Wier sie Vnss vndt Vnseren Nachkomben Reseruirt vndt vorbehalten haben wollen, mit denen sie auch vber ihre möglichkeit nicht sollen belegt vndt beschwert werden) Nun auf ewige Zeiten befreyet sein, Wie auch damit sie in offt gedachten beeden Städten mögen ihnen selbst dass Malz in ihren Malzheusern zuerichten, vndt dauon wie von alters Hero dass Bierbrewen solches dan auch in die zue einer Jedwedern Stadtgericht gehörige Dorfschafften zum aussschenken, wie Ihre Mitburger vndt Nachbarn aussesezen, vnd sollen gedachte Dorffschafften die Vogten vnter einigen erdachten Schein, vndt bei Vermeidung Vnserer vndt Vnsern Nachkomben würklicher Bestrafung dass Bier anderwerts, alss auss denen Städten zue welchen Stadtgericht ein jedes Dorf gehörig, nicht nehmen, Ess sey dan Wier oder Vnsere Nachkomben heten einem auss den Vogten Bei kierchmess Zeiten etwan in einem diessen Dorf Ein kueffen oder zwey, oder aufs meiste drey Kueffen im Jahr erlaubet, lausszueschenken, vndt vber drey kueffen sol von Vnss vndt Vnsern Nachkomben keinem auss denen Vogten noch Jemandt andern, in gemelten Dörfern von diessem Bier zue Leutgeben erlaubt werden. Was aber ihre entweder bei den Städten oder Dörfern Habende Vorwergk anbelanget, werden sie darbei nach dem von altershero vblichen gebrauch vndt nuxung deroselben gelassen. Vndt nachdem auch etliche mit aussreuttung Vnserer Wälder, ihnen nicht wenige grundtstükt zuegericht, darum aber Vnss vndt Vnseren Vorfahrern sehr schlechte Zinss, theilss auch gar nichts gereichet vndt entrichtet haben, wie sie dan auch in den Haubt Registern besagter Herrschafft mit Nahmen aufgezeichnet sein; Aldieweilen sie mit Vnseren abgeordneten der Zinsenhalber dass Sie selbige Jährl. bei obgesezten terminen auf Ewige Zeiten mit sambt Nachkömlingen abführen sollen und wollen, sich albereit verglichen, darbey thuen wier es auch bemerken lassen, Vndt sol von Niemanden der auf die aussgereute grundtstukh gemachte Zins weiters gesteigert, noch ihnen von demselben etwass entzogen werden, Ess sey dan etliche auss ihnen Theten noch mehreres darzue von Vnsern Wäldern, mit Vnsser oder Vnsserer Nachkomben wissen vndt Bewilligung aussreuten, alsdan werden sie von solchen neu gemachten Grundtstuken gleichwie von denen obberührten die ihnen aufgelegte Zinsen zuebezahlen schuldig sein. Ebenermassen sollen auch die zue öfftern benandte Städt die freyheiten haben, dem Vhralten gebrauch nach, den Wein gleichwie in andern Städten vndt Städtlein diesses Vnsern Bist: vndt Fürstenthumbs, Jedoch mit gehaltener gueten Ordnung zue Leutgeben, Vndt werden auch beinebenst zue Vnserm vndt Vnserer Nachkomben nuzen Jedess Jahr zue der Bautsch zwey Vass, vndt zue der Lybaw auch zwey Vass Wein in Billichen werth auss zue schenken schuldig vndt verbunden sein. Vber dieses alless aber wollen Wier Beeden diesen Städten der Bautsch vndt der Lybaw die genadt ertheilt haben, dass sie mögen mit dem Salcz ein freyen Handel treiben, vndt führen, vndt sol ihnen diessfahlss kein Hindernuss geschehen, noch einigen auss den Dörfern eben mit dem Salcz zue handeln freistehen. Ess sey dan einer habe diesse genadt vndt Privilegium von Vnsseren Vorfahrern seeligsten angedenkenss ertheilter bekomben, vndt vor diessen darzue befugt, vndt befreyt gewessen wehre, zue Vhrkundt vndt alless dessen bekrafftigung, Haben Wier Vnser grösseres Insiegil mit Vnsserm gueten wissen vndt willen zue diessem Brief anhängen zue lassen befohlen. Welcher datirt vndt geschrieben ist worden Auf vnsserem Schloss zu Cremsier, am Donnerstag nach dem fest aller lieben heyligen, In dem Ein Tausenth Funffhundert Ein vndt achtzigten Jahr.

Stanislaus Epus.
Olomacensis m. p.

(L. S.)

P. Urkunde vom 26 Jan. 1612.

Wier Francisscuss von Gottes genaden der Heyligen Römischen Kyrchen Tit. S^a Sylvestry Cardinal von Dietrichstein, Bischoff zue Ollmuz Fürst der Königlichen Böheimmischen Cappellen Graff Khön. Mayt. zue Hungern vndt Böheimb ɔc. Königreich und Erbländer Protector ɔc.; Bekennen offentlich mit diessem vnsserm Briff vndt Thun Khundt für allermänniglichen, Dass fur Vons Erschienen seindt die Erbahren Vnssere Liebe Trewe vntherthane Burgermeister Richter vndt geschworner der Stat Bautsch vndt vnss In gehorsambster vndterthanigkeit für sich vndt anstadt der Gantzen Gemein daselbst, wie Auch In Nahmen aller der darzue gehörenden Dorffschafften Nemlichen Schönwaldt, Altendorff, Neindorf und Gundersdorff demüttiges fürgetragen vndt zue Erkennen geben, wass massen sie von Vnsserm Vorfahren Bischoffen zue Ollmuz Löbl. Gedächtnuss Bischoffen Nicolao Joanne Telocense vndt Stanislao Pawlowsky In ansehung Ihrer Trewen Standthafften Dinst vndt gehorsamben Vndterthänigkeit mit Vndterschiedlichen Priuilegien begnadet vndt zue mehrern der Stadt gemeinen Aufnehmen, Auch der Ihn wohner vndt vntersessenen besserer Nahrung vndt Vrber Mildiglich versehen wehren werden Welicher Freyheiten, ob sie wohl Biess dato von männiglichen vngehindert vndt Ruiglich genossen vndt denselben frey nachgelebt hatten, So betten sie doch ganntz demüttigist Wier wollten Ihnen Sammentlich zue Mehrer Standthafftiger Befestigung Auch Auss Vnsser fürstlicher Müldt vnd vätterlicher zue Neigung, Soliche Freyheiten vernewern Bestättigen vndt Confirmiren, Welichem Empsigen Ansuchen vndt Bitten, undt demüttigisten flehen Wier so viel geneigter stelle gegeben, Alss mehr Wir Vnserer In Gott Brüdern vndt Besondern Lieben Techandts vndt dess Capituls zue Ollmutz, Fürnemblich aber dess Ehrwürdigen Wolgeachtens Vnsserer In Gott Brüdern vndt besondern Lieben Martini Wenceslay vonn Greiffenthalle, Probsten zue Ollmuz, vndt Archidiaconj zue Brün bey unnss für sie wohlmeinende Eingebrachte Commendation vndt für hitt Inn billichen Acht genomen Vndt Hirauff damit sie Ein Ewiges gedächtnuss, wie Auch seiner alles Ihres Landesmannes vndt Patrons Haben möchten ob angeregte Privilegien, Weliche Sie Vnns in originali zue Gnädigster Ersehung gehorsambist Angehändet zue vernewern vndt zue bestättigen desto gnädigster bewilliget, Dess Ersten Priuilegj Anfang lautet in Lateinischer Sprach wie folget, (Urkunde D) Nos Nicolaus Dei et Apostolicae Sedis Gratia Episcopus Olomucensis ad perpetuam rei memoriam Notum facimus tenore praesentium Vniuersis et si obseruantias et consuetudines seruatas ab antiquo pro comodo eis utentium mutari contigerit oc. Der Inhalt dieses Priuilegij Hellt in sich Eine Ihnen Ertheilte deuolution Oder Anfals der Gnadung. Die Conclusion aber Lautet von Wort zu Wort Allsso In quorum Testimonium nostrum Sigillum Vna cum Sigillo dicti Capituli nostri Olomucensis praesentibus sunt Appensa Actum et Datum in castro nostro Mieraw Anno Domini Millesimo Trecentesimo Octuagesimo Nono Feria quarta proxima post Diem Sancty Andree Apostoli Gloriosi praesentibus Honorabilibus et Discretis Viris Dominis Magistro Sandero Archidiacono Praerouiensi et canonico Ecclae. Olomucensis Henrico de Fulstein Capitaneo Episcopatus nri. Bernhardo Hecht de Schutzendorff Gerhardo de Meraw Idoco de Wollffsberg Brunone Marescallo Joanne Plebano de Brunsberg et Hinkone Notariis nostris, ac aliis quam plurimis fide dignis testibus ad praemissa oc. Dess Andern priuilegij so in Lateinischer Sprach gleichfals gefertiges Anfang ist in diesen Worthen (S. Urkunde M) Nos Joannes Dei et Apostolicae Sedis Gratia Episcopus Olomucensis Notum facimus tenore praesentium Vniversis pro parte Juratorum totiusq. Communitatis Ciuitatis Budischaw oc. der Inhalt Ist Eine Confirmation dess obgemeldten Priuilegij die Conclusion vndt Datum Aber Volgender massen, In quorum omnium robur et evidentius Testimonium sigillum nostrum Maius et mandato nro. praesentibus est appensum, Datum in arce nostra Cremsiriensi, die

S**ti** Andrae Apostoli, quae fuit Vltima dies Nouembris, Anno Domini Millesimo Quinquagesimo (Quingentesimo) Septuagesimo Septimo. Dass dritte Priuilegium So Ihn böhmischer Sprach Lautet Allsso: My Stanislaus Pawlowsky z Boži milosti Biskup Olomúcký, wyznáwáme tímto listem obecně Předewšemi že majíce časté správy, gaká se neměrnost a neřádowé, při wyklučowánj lesuow oc. dass datum aber Ist auff Crembsir denn Donnerstag nach aller Heiligen des Ein Tausendt fünfhundert Ein vndt Achzigsten Jahrs (Urkunde O) Confirmiren, demnach bestättigen Ob angeregte Priuilegia Auss fürstlicher Obmessigkeit, vndt Allss Ihr Landtsfürst, In allen Puncten vndt Clausellen wie sie in originali von worth zue worth Lauten, vndt Ihnen von obgemelten Vnssern Löbl. Vorfahren Erbtheilt seindt worden, Crafft dieses vnsers Brieffes Ganntz genädiglichen, Ernstlich wollende dass von Männiglichen Vber solichen von Vnss Auffs Newe bestättigten Priuilegien, Steiffe Handt gehallten vndt bey vermeydung Vnsserer vndt nachkommenden Bieschoffenn zue Ollmutz vngnadt vndt Ernster Straffe, Niemanden darwieder zue Leben, verstattet oder zue gelassen werden, Damit aber auch vber diess, gemelte Vnsere Vntherthanen der Stadt Bantsch So wohl die darzue Gehörende Dorffschafften Vnssere Angeborne gute, vndt fürstliche Mülde, noch ferner Tröstlich Erkennen, vndt dass obberürten Ehrwürdigen Capitulls Commendation, So wohl obengedachtes Probsten vleissige Intercession Ihnen bey Vnns frucht Geschaffet spüren mögen; Allss wollen Wier sie von nun an in Künfftig der Dinstbarkeit vndt Pflichte, mit welcher sie Biesshero beladen gewesen, Jhärlichen die waissen für Vnss oder Vnsere Hauptleuthe zue gestellen hirmit diesem Vnserenn Brieff Gnädigst Befreyen vndt Loss Sprechen, wie Wier dann sie Crafft dessen Gantz vndt gar von solicher Last in künfftig Entladen, vndt Befreyen der gestalt, dass sie nun vndt zue Ewigen Zeiten nicht mehr sollen schuldig oder verbunden sein, Ihre waisen für Vnns, Vnssere Nachkommen am Stifft Vnserer, oder Vnserer Nachuolgerer Haupt: oder Amptleuthe zue Gestellen, Sondern selbest macht Haben sollen Ihres gefallens (doch zimblich vndt Bilich) mit ihnen zue thun vndt zue Lasssen, Vber diess aber wollen wier Vnss vndt Vnsseren Nachkommenden, auch Aussdrücklichen für behalten, vndt Aussgenommen Haben Aller der verloffenen, vndt vbell verhaltenen Waissen Zustandt vndt Gerechtigkeit, die Soll Vnss Jhärlichen von roth vndt gericht daselbsten vnter Aydess Pflicht, mit welchem Sie zum Ampt verbunden Trewlich vndt auffrichtig, Ohne alle Hinderlist, In Vnsser vndt Vnssere Nachkommenen Cammer abgefürth vndt Aussgezehelet werden. Ittem Wier wollen auch dass sie keinen, welicher vber Ein Thausende Gulden vermag ohne Vnser oder Vnsserer Nachkommenden wiessen willen vndt Genädige Erlaubnuss nundert Hin freylasssen, noch Verheürathen, Item Ess Soll Vnns, vndt Vnsseren Nachkommenden Auch frey sein, Weissen zue vnssren Eigenen Dinsten so viel vnss beliebet, vndt deroselben vonnöthen Haben mächte zue nehmen, Für Soliche Vätterliche Müld vndt Genadt Werdenn sie Sammentlich in Vnssrem täglichen Gebetten zue Gott dem Allmächtigen für Vnsere Langwürrige Leibes Gesundtheit, wohlfarth, vndt glickseligen Regirung Empsieg Ingedenk sein, Fürnemblich aber Am Festtage vnseres Patronj S. Francisci, weliches sie mit gebührlichen Solennitäten, vndt Ceremonijs feyern, vndt ihn der Kyrchen Bey Celebrirung des Hohen Ampts, welliches der Pfarrer Järlichen entweder selbst, oder durch einen Anderen Catholischen Priester Solenniter Haltenn, sollen sich richtig fünden Lassen, vndt dies Järlich so Lang wier Leben ./ Wann Vnss aber der gütige Gott von dieser weldt Genädig abfordert, so sollen sie Pflichtig sein Alle Jhar an dem Tag Vnssers Abscheidens (Oder an einem Andern wannss Je diessem tag Aus bilchen Vrsachen verhindert würde) Ein Anniuersarium zu begehn, vndt zue Vnsser Seelen Heyl vndt reffrigerio Eine Seelmässe mit gebührlichen Caeremonien vndt Opffer Halten zue Lassen, Bey Welcher nicht Weniger der Rath Eltisten, Alss Auch die Gemein sich fünden sollen vndt derselben Begängnuss Andächtig Bey wohnen. Würden aber gemelte Vnssere Vntherthane in diesser Verhaltung Obgemelter Articull fharlessig befunden werden, vndt denselben nicht allerdings gehorsambst nach setzen Oder wegen der Anfähls der verloffenen vndt vbell verhaltenen Waysen Halber Vngetrew befunden würden, Soll nicht allein diese Ihnen Erbtheilte Gnadt In Künfftig Vngültig nichtig vndt vnkrässtig sein, sondern Auch gegen Ihnen von Vnuss vndt Vnssrem Nachkommenen mit Ernstlicher vndt vnnachblässlicher Straff verfahren werden, Zue Vhrkundt Haben diese Confirmation vndt Ernewerung Ihrer Habenden Priuilegien Wie Auch zue Mehrer, vndt Immerwehrendenn Sicherheit der New Ertheillten gnad, gemelten Vnssern vntherthanern verliehenen Gnaden Brieff, mit Vnsserm Anhangenden Insigell Vndt Aigner Handt Vntherschrieffbekrafftiget Gnädigst Ertheilen Lasssenen, So gegeben aufft vnssrem Fürstlichem Schloss Crembsir, den Sechs vndt zwantzisten Tag Monats Januarij, Im Ein Tausendt Sechshundert vndt zwölfften Jahre ꝛc.

Franztz C. v. Dietrichstain. (L.S.)

Q. Urkunde vom 20 Mai 1613.

Wier Frantz von Gottes Gnaden der Heyligen Römischen Kyrchen des Tittuls Sᵗ siluestri Cardinall von Diettrichstein Bischoff zue Ollmuz Fürst der Khön. Behaimbischen Cappellen Graff Röm. Khay- Auch zue Hungern vndt Böhaimb Khönigl. Mayt. Gehaimber Rath Auch derosselben Königreich vndt Erbländen Protector. Bekhennen öffentlich mit diesem Brieff vndt Thun khundt Allermänniglicher, Ob wier Wohl auss Angeborner güete vndt fürstlicher zue neigung allen vndt Jeden dieses vnsern Löblichen ollmutzerischen Bischoffthumbs Trewen Lieben vndterthanen, mit vatterlicher Liebe genaiget, vndt dieselbigen zue gebührlichen Ehren zue Erheben in gnaden wohl gewogen. So Wiell vnss doch Aigenen vndt mehr gebühren fürderst die Jenigen mit Sondern Gnaden zue bedenken, weliche sich nit Allein vmb vnss selbest vndt vnssere Vorfahrnen In Trewer vnterthänigkeit Jeder Zeit gehorsamb Erzeiget Sondern Auch von Andern Fürnehmen Verschonen, vndt Sonderlich vnsserer Kyrchen zue ollmuz fürnembsten mit Glidern vnss Alles vleisses Ihres Eiffers vndt bestendigkeit in der vhr alten Catholischen allein Seeligmachenden Religion berühmet, vndt Commendiret werden. Wann aber nun vnter andern Würdigkeiten der Stätte Auch diess nicht dass Schlechstete Clainoth ist, Wann dieselben zuem Fürzueg vndt vndterschaidt Anderer gemainen Stätte In expedirung oder verfertigung vndt besiglung allerley

Haupt- vndt Sendtbriffe, Auch Anderer Ihrer Anliegunden zue Rathauss oder Schepffenbankg In Ihrem Siegillen Petschieren oder Secreten Ihrer obrigkeiten Dank Mahlzeichen haben, vndt Hirneben sich des Rotten Waxes frey gebrauchen mögen, vndt Wier vmb Erbtheilung dieser Gnad vndt Freyheit von den Erbaren Vnsern Trewen Lieben Bürgermeister Rath vndt geschwornen Richter vnser Stadt Bautsch Im Nahmen der gantzen gemein in Ehr Erbittlicher Demüttigkeit angeflehet, Wie Auch durch den Ehrwürdigen Wohllgeachten Vnsern In Gott Brüdern vndt besondern Lieben Herrn Martinum Wenceslaum von Greiffenthall, vnsers Hohen Stiffts zue ollmutz Thumb-Probsten vndt vnsers Consistorij daselbsten Officialn Prothonotarium Apostolicum Comitem Palatinum, vndt des Brünerschen Creises Archidiaconum, Gebührender massen intercedendo angesucht worden, Wolten gemelter vnsser Stadt Bautsch Alls seinem geliebsten Vatterlandt zue denen ihneu vnlengist ertheilten Gnaden Auss Fürstlicher Mülde auch noch diese Gnad vnndt Freyheit belegen, vndt Ihnen zue vnser Immer wehrenden Wie Auch seiner güetten gedächtnuss, vndt derer von Bautsch Ruemb, Ihr Alt gewänliches Stadt Sigill oder wappen nicht Allein mehren verbessern vndt illustriren, Sondern auch dass sie in künfftig mit Rotten Wax Sigilln, vndt Alle Ihre Briessliche Uhrkunde, vndt Sendtschreiben Crefftig machen verfertigen vndt expediren möchten Auss dem Buell vnserer fürstl. Müldigkeit genedigest erthailen, vndt befreyen, Alss Haben Wier In Er wegnuss Eines vndt des Andern Anbringen fürnemblich aber Auss Lieb so Wier zue obgemeldten Herren Pröbsten Tragen, vndt zue seiner gedächtnuss mit Wohlbedachtem Mueth, guettem Rath, vndt rechten Wiessen In obangeregtes der von Bautsch demüttiges anflehen vndt gemeltes vnsers Thumb Probstes Trew gemeinte Intercession desto genaigter Willigen wollen, Alss gerne Wier gemelter Stadt Bautsch Würdigkeit, Ehren, vndt der Inn Wohner Auffnehmen befürdert Wiessen vndt sehen wollten. Ver Ehren demnach Auss fürstl. Mülde, Macht, vollkommenheit Regalien vndt Habennden obmässsigkeiten mehr Angeregte vnsere vndt hertthanern, vndt trewen Lieben der Stadt Bautsch ziehren vndt begnaden sie vndt Alle Ihre Nachkömbliche für Vnss vndt vnsere am Stifft Successores krafft dieses vnseren fürstlichen offenen Briefss, dass sie nun Hinführo vonn Dato An zue Ewigen Zeiten volgender massen Ihr Stadt Wappen Auff Sigelln, Petschiren, stechen in Stain zue Gebew Hauen, oder sonsten zue der Stadt Ehren, vndt Nottürfften malen offentlich führen, mögen vndt können.

Alss Nemblichen soll der Schieldt Erstlichen nach der Querich In zway felder getheilet werden, doch dass der Vntertheil den Obertheil In der grösse getoppelt vbertreffe dass vndterfeldt soll Wiederumb In zway gleiche theil durch Eine Linien abwerts Entzway geschnietten vndt das Theil auff der rechten seitten Roth oder Zinober, dass Ander Auff der Linken seitten Blaw oder Lasurfarbe sein: In der mitten Aber dieser zwayer Felder ein Weisser Thurn, desssen nur zwo seitten Erscheinen, vndt Auff Jeder seitten ein Thor vndt veber Jeden Thor Einfenster In dem fenster auff der rechten seitten En Latheinisch M Auff der Linken seitten ein Latheinisch W mit schwartzen farben, zue gedächtnuss Ihres beförderrers Martini Wenceslai, mehr gemeltes Thumb Probsten zue Ollmutz Auff dem Thurmb aber vier Zinnen Anstadt des Crantzes gesehen werden; Ferner In dem Rotten feldt sollen

Zwene Regel oder Piramides vnsers Fürstl. Bieschöffthumbs vhr Allten Wappen, Weiss oder Silberfarb Auffgerecht stehen, Auff dem Blawen feldt der Linken Handt Ein Kheilhaw vndt Berkhammer aisenfarb mit den stielen oder Handthaben so gelb sein sollen kreitz weiss vber Ein Ander geschrenket, Weliche zwey Instrumenta sie Auch bey neben dem Thurmb

vonn Allttersshero zuem Zeignuss dass dieser orth sey ein Berkh Stadt gewesen, zue Ihrem Merkh vndt Stadt Wappen In ainem Blawen Schildt geführet werden, Der Ober Thail aber des Schildes soll Auch In zwey Feldt durch aine beseitz vonn der Linken Handt dess vndteristen Winkel Schein Auff zuer rechten seitten in die Obriste Eckh auffgezogen Linien gethailet, vndt das vndterfeldt auff der Rechten seitten Roth dass ober thail aber gelt, oder goltfarb In der Mitten Ein Messser Eisenfarb mit gelb oder goltfarbenem stiel, Auss vnserem vndt des vhr Alten Geschlechts der Herrn von Dittrichstein ꝛc. Erblichen Wappen Auff der Linken seitten Ein Latheinisch F: brüsilgen farb zuem gedächtnuss unseres Nahmens, vndt fürstlichen zueneigung kegen Ihnen heyders Auffwerts durch Beide Felder gestellet sein Wie dan diess Alless durch des Mallers kunst vndt geschieklichkeit mit seinem Natürlichen farben vndt Aussheilungen klar für Augem gestellet worden, vndt Aussfürlich zuesehen ist,.

Solchesssen Clainots aber vndt ver Besserung Ihres Alten Wappens, Wie auch die Freyheit, des Rotten Waxes zue gebrauchen, sollen sie In vndt Aussar des Rechtens mit Petschiren besiegeln. offentlichen Schrifften Patenten Kundtschafften Geburts: vndt Lehrbrieffen, Testamenten, Wie Auch Im verfertigung allerley missiuen oder Sendtschreiben, vndt Im Summa bey Aller fürfallender gelegenheit, vor Ehrlichen Händelln vndt geschäfften offentlich sich gebrauchen mögen vndt können, ohne Menniglichs Irren Eintrag oder Verhindernuss,. Doch dass Hirneben sie wieder Ihre Ehrbarkeith Schuldigen Gehorsamb Pflicht vndt Trewe vntherthänigkeith mit welicher Sie vnss vnseren Successorn vndt den Stiefft

Ollmutz verbunden sein vndt bleiben sollen, nichts misstrewliches an die Handt nehmen vndt attenteren, bey verlust dieser vndt anderer Aller Freyheit begabung vndt Gnadte.

Gebitten Hirauff allen vndt Jeden vnsern Haupt vndt Amptleuten, Pflegern vndt verwaltern vnserer Herrschafften, dass sie nicht allein vber dieser vnserer Fürstlichen Begnadung, Wappens verbessserung zue Lasssung des Rotten Wax Begabungen vndt Freyheiten offtgemelte vnsere vntherthane, vndt Trewe Lieben zuer Bautsch Schützen Handthaben vndt beschirmen, Sondern auch andern darwieder zue Handeln sie zue Irren oder zue verhindern keines weges gestatten noch zue Lasssen, so Lieb einem Ist vnser Gnadt vnndt Fürstliche Zueneigung, Erfolget auch An dem vnser Endtlicher Wiell vndt genedige Meinung,.

Desssen zue Vhrkundt Wier diesen genaden Brieff Welcher mit vnsrem Fürstlichen Bischofflichen grösssern anhengenden Sigill bekrefftiget, Auch mit aigener Handt geschrieft vndterzeichnten,.

So Gegeben Auff vnsrem Schloss Crembsier den zwantzigsten tag Monatts May Im Ain Tausent Sechshundert vndt Dreyzehenden Jahre.

Frantz C. V. Dietrichstain. **(L. S.)**

R. Urkunde vom 4 Jul. 1551.

Wier Joannes von Gottes gnaden Bischoff zue Ollmucz; Vhrkunden vndt bekennen mit diessem Brief, wo Er gelessen oder Lessendt gehöret wird; dass vor vnss erschienen ist Blassius Päss von vnsserer Herrschafft Bautsch, vnsser Lieber getrewer, vndt Vnss einen Brief von Löbl. gedechtnuss vnsern vorfahrenden Bischofen Stanislao Tursone vorgezeuget, mit welchem Brief ihme bewilliget worden, dass Er ihme selbsten ein Mühlen mit Einem Mehlgang bey dem Städtel bautsch an der Bach dirre Bautsch genanndt, aufbawen solte, Vnss in aller Demuth alss seinen genedigen Herrn bitendt, Wier Wolten Ihme vndt seinen Nachkömblichen diesse Mühlen mit Einem Mehlgang zue geniessen erlauben, vndt mit vnsseren Brief bekräfftigen.

Alss thuen Wier in Ansehung seiner demüttigen vnaufhörlichen Bitte, auss vnsserer Eigenen Milden gnadt, Ihme obbeschriebenen Blasio diesse genadt, vndt bewilligen mit diessem Vnssern Brief, also, dass Er vndt seine Erben auch Nachkombenden, diesse Mühl mit einem Mehlgang, vndt Einem andern Stampengang frey geniessen kan, ohne allerley Hindernuss Vnsser, oder vnsserer Nachkombenden Bischofen zue Ollmuz. Vorsolche vnssere Begnadung, Wirdt vorgemelter Blasius, seine Erben vndt Nachkombende Besizere diesser Mühlen, Vnss vndt Vnsern Nachkombenden Bischofen zue Ollmuz, von diesser Mühlen Jährl. Zwey Thaler Zinss, Jedoch alsso zertheilt, zue S. Georgy Einen Thaler, vndt zue Sancti Wenceslay auch einen Thaler auf Ewige Zeit zue Zahlen schuldig sein.

Zue bekrefftigung dessen Haben Wier vnsser Secret an diessen Brief zue Hängen anbefohlen. So gescheh vndt geschrieben in Ollmucz am Sambtag dess heyl. Procopy Im Jahr dess Herrn Ein Taussent, Fünfhundert Ein vndt fünfczig.

S. Urkunde vom 3. Jan. 1656.

In Nomine Domini, Amen.

Wihr Leopolde Willhelmb von Gottes gnaden Erzherzog zue Oesterreich, Herzog zue Burgundt, Stayer, Cärndten, Crain, vndt Wirtenberg; Administrator dess Hochmeisterthumbs in Preussen, Meister deutschen Ordenss in deutsch vndt Welsch-Landen, Bischoff zue Strassburg, Halberstadt, Passaw vndt Ollmucz, Administrator der fürstl. Stiffter Hierschfeldt, Murbach, vndt Luderss; Graf zue Tyrol vndt Görcz, Landtgraf in Elssas, Gubernator General der Niederburgundischen Landen. Thuen kundt vndt zue wissen hiermit Jedermenniglichen, Wassgestalt wier von denen Ehrsamen, vnsern Lieben getrewen burgermeistern Eltisten vndt ganzen Gemein vnssern Stifft Ollmuzischen Stadtel Bautsch, nechst Remonstrirung ihrer bei denen vorgewesten schweren kriegs troublen vndt vnruehe brandtschaden, Plünderungen, vndt anderen grossen Beschwernussen in vnterthänigkeit angelanget vndt gebethen worden, dass wier alss Bischof zue Ollmuz denen selben von älters hergebrachte Priuilegia, freyheiten, Begabnuss, vndt Begnadungen, auch darüber von vnssern in Gott ruehenden vorfahrern erhaltane Confirmationen, in allen ihren Articuln, Puncten vndt Clausuln, auss Erzherzogl. angebohrner mildte vndt Clementz von Neuen bekrefftigen, vndt diessen Vnsserm Brief einuerleiben lassen wolten.

Wan nun Wier obbemelten Städtel Bautsch beständige, Trewe, vndt gehorsambste Deuotion (welche sie Vnss vndt vnssern Antecessorn am Bischoffthumb iederzeit Rühmlich erwiessen haben, auch darinn nach den Fuessstapfen ihrer vorfahren biss in ihr gruben Beharren wollen vndt sollen) gnedigst betrachtet vndt Erwogen; Alss seindt Wier in deren Consideration veranlasset worden, denenselben mit Erzfürstl. gnaden zuebegegnen; Gestaltsamb Wier auss Wolbedachten Muett vndt willen, hiermit vndt Crafft diesses, alle die Jenige Privilegia vndt Freyheiten, die welche vnssere Antecessorn mehrberürter Stadt Bautsch ertheilt vndt verliehen haben in allen Articuln, Puncten, vndt Clausuleu gnedigst Confirmiren, Ratificirn, vndt vernewern; Jedoch mit diessem ausstruklichen beding vndt Zuessacz, dass Sie Hingegen dass Jenige, Wass Sie Jüngsthin mit vnssern Administratorn Elia Frantz Castelle, vndt Ober Regenten Johann Niklass Reuttern von Hornberg Einiger schuldigen Roboth vndt Holzfuhren wegen, guetlich versprochen haben, zue Praestiren schuldig vndt verbunden sein sollen. Vndt Haben Wier zue dessen mehrer versicherung gegenwertiges Diploma mit Eigener Handt vnterschrieben, vndt Vnssere Geheimben Hoff Canzley Secret Insiegil bekräftigen lassen. So geschehen zu Brüssel den 3. January anno 1656.

Leopoldt Willhelmb m. p.   *Johann Wiebhauen.*

T. Urkunde vom 9 Aug. 1657.

Wir Claudius des Heyl^{en} Römischen Reichs Freyherr von Sorina, des Fürstlichen Hochstieffts Ollmütz Thum Dechänt, und gesamtes Getreue Thum Capitel. Uhrkunden Hirmit, Demnach die obangetzogene Privilegien der Bischofflichen Stadt Bautsch, mit guttem fleiss durchsehen, revidiret, und nichts dem Bischoffthum Schädlich- oder Nachtheiliges Befunden worden, auch mehrentheils, schon Hervor mit des Getreuen Thum Capitels Consens wohl Hergebracht, dass Wir auf gehorsames anbringen und Bitten gemelter Stadt Bautsch, auf eben von Ihrer Hochfürstlichen Durchl. Erz Hertzogens, Leopold Wilhelm zu Oesterreich oc. Bischoffen zu Ollmütz oc. Unsern gnädigsten Bischoffen, Fürsten, und Herrn, oberklärten motivis, nicht allein solche oberwehnte Privilegia, sondern auch, die von mehr Höchstgedacht Ihrer Hochfürstlichen Durchlaucht, durch den Rescript unterm dato Wien den Acht- und zwantzigsten February, Lauffenden Sechzehen Hundert, Sieben- und Fünfftzigsten Jahres, auf gemelter Stadt Bautsch, unterthänigst-gehorsamst eingereichten Memorial, Ihnen gnädigst ertheilten Cassar- und Annulirung, der, Beym gegenüberstebenden Beschluss, Vorgesetzter Privilegien, inserirten Clausul, wegen einiger schuldigen Roboth und Holtzfuhren, mit Dero Stiefft Ollmützer Administratorn, und Ober-Regenten, Herrn Elias Frantz Castelle, und Johann Nicklas Reuttern von Hornbergk, güttlich getroffenen accords, dass Offtbesagter Stadt Bautsch, solche, Bey der Hochfürstlich Bischoff. Cantzley, dem Diplomati, durch ein Verstoss, eingeruckte Clausul, in deren Vorhin erlangten, und jetzt Vernewerten Freyheiten, und Begabnussen, keinesweges praejudicirlich, sondern krafft obangetzogenen gnädigsten Rescripti Cassirt, und Annullirt seyn und Bleiben solle, zu gemelter Stadt Trost, und Consolation in allen obverfasten Articuln, Clausulen, und Puncten Bekräfftigen, darein Unsern Consens geben, und Ratificiren. Zu desssen mehrer Versicherung mit Unsern gewöhnlichen grössern Insiegell, und unterschrifft Bekräfftigen. Geben Ollmütz den Neunten Monaths-Tag Augusti, des Ein Tausend, Sechs Hundert, Sieben und Fünfftzigsten Jahrs.

Claudius Thum Dechant m. p.

Joannes Petrus Petrutius Cath^{is} Ecclae. Olomis. Canonicus, p. t. Rmi. et Fidelis Capituli Notarius.

U. Urkunde vom 30 Sept. 1681.

Wir Carl von Gottes gnaden Bischoff zu Ollmütz, Herztog, des Heyl. Röm. Reichs Fürst, der Königlich Böheimischen Capellen, und von Liechtenstein Graff oc. Geben Hirmit männiglichen zu Vernehmen, dass Wir von denen Ehrsamen, Vorsichtigen-Unser Lieben Getreuen Burgermeister, Rath, und gesamten Gemeiner Burgerschafft, Unserer Fürstl. Bischoffl. Stadt Bautsch, in aller Demuth gebetten worden seynd, dass Wir Ihnen Ihre, Von Unsern Hochgeehrten Vorfahrern am Bisthum Seeligster gedächtnuss erlange Privilegia, Freyheiten, und Löbliche gewohnheiten, als Regierender Fürst und Bischoff zu Ollmütz, gnädigst zu verneuern, und zu bestättigen, und die Jenige zwey Jahrmarkt, deren Einem Ihnen, Wohlseeligsten andenkens Ludovicus König in Böheim unterm dato Offen an St. Martini Tag, nach Christi Geburth im 1518ten Jahr auf den Ersten Tag nach St. Georgy, den andern aber Unser Vorfahrer Marcus Bischoff zu Ollmütz, unterm dato Cremsier den Mittwoch vor St. Matthaei des Apostels im Jahr Christi 1564 auf den Montag vor Sanct Matthaei, Verliehen, und Sie bishero auch gehalten, aus erhöblichen Uns vorgebrachten

Ursachen, auf andere Zeiten, und zwar den Ersten auf den Montag nach den Fest der Heyl. Aposteln Philippi und Jacobi, und den andern auf den Montag unser Lieben Frauen geburt zu übersetzen, und dass Sie dieselbe an Bedeuten Tagen Haben und Halten möchten, zu bestättigen. Wann Wir dann angesehen Obbemelten Burgermeisters, Raths, und gemeiner Burgerschafft embsiges und demuttiges Bitten, und zugleich erwogen die Beständige Treu, Nutz und erspriessliche Dienste, So Sie Unss, und Weyl. Unseren Hochgeehrten Herrn Vorfahrern am Bisthum, Jederzeit geleistet, und weiters leisten werden, und schuldig seyn solle n Alss Haben Wir in dieses Billiche und gehorsamste Ansuchen gnädl. condescendiret, und obbemelte Privilegien, Freyheiten, und Löbl. gewohnheiten, alss wann Sie in diesem Vnsern Brief aufs neue eingetragen worden wehren, ratificirt, und confirmiret, Ratificiren, und Confirmiren auch in Crafft dieses aus Bischoffl^{er} Macht und gewalt, wisend und wohlbedächtlich, wollen auch ernstlich, dass nicht allein Bey dieser Unserer Confirmation sondern auch der zwey ubersetzten Jahrmärckte auf obbesagte Täge, jetzt- und zu künfftigen Zeiten, ohne Männigliches Hinderung, ruhig Verbleiben, und gelassen werden sollen. Zu Uhrkund Haben Wir neben Unserer Eigen Hand-unterschrifft, zu dieser Bestättigung Unserer Hoff Cantzley Insigell anhangen lassen.

So geschehen in Unserer Fürstlich-Bischöfflichen Residenz zu Ollmütz den dreysigsten Monathstag Septembris, Im Jahr nach Christi Unsers Erlösers und Seeligmachers Geburt Ein Tausend, Sechs Hundert, Ein und Achtzig.

Carl m. p.

Ad mandatum Rev^{mi} et Celsiss^{mi}
Principis proprium Elias Isidorus
Schmidt.

V. Urkunde vom 13 Jul. 1683.

Wir Carl von Gottes Gnaden Bischoff zu Ollmütz, Hertzog, des Heyl. Röm.-Reichs Fürst, der Königlichen Böheimischen Capellen- und von Lichtenstein Graf. Geben Hiemit Männiglichen zu Vernehmen, Welcher gestallten Unss die gesammte unterthanen der Dorffschaften, Unserer Fürstl. Bischofflichen Stadt Bautsch, in aller Demuth Vorgebracht, wie dass Sie von Unsern Hochgeehrten Vorfahren am Bisthum mit unterschiedlichen Privilegien Begabet, und von allen Robothen Befreyet wehren, eine Zeithero aber Bey Unserer Regierung dieselben eine gewiesse anzahl gahrn gesponnen, und anhero nacher Cremsier gelieffert, solches aber wieder Ihre Freyheiten were, und derohalben Unss unterthänigst gebethen, Wir geruheten solches Onus von Ihnen widerum gnädig aufzuheben, und selbte bey denen von Unsern Hochgeehrten Herrn Vorfahrern erlangten Privilegien und Freyheiten Verbleiben zu Lassen, und darbey zu Schützen, Wann nun nach reifflicher der Sachen überlegung Befunden worden, und derohalben auch einen Höhern zinss in Unsere Rendten Jährlichen abgeben, und Wir auch selbigen unterthanen keine mehrere Bürde aufzulegen, sondern bei Ihren Alten Herkommen Verbleiben zu Lassen gedenken; Alss seynd Wir aus diesen und anderen Ursachen bewogen worden, in derselben demütiges Bitten zu condescendiren. Thuen demnach Vor Unss und Unsere Nachkommende Bischöffe zu Ollmütz, wissent- und wohlbedacht solches gespunst hiemit aufheben, cassiren, annulliren, und anbey erklären, dass was bishero geschehen, obbedeutter Unserer Stadt Bautsch-Dorffschafften, und unterthaner Privilegien, Freyheiten und Begabnussen, in keine weege praejudiciret, sondern gedachten Privilegien, und Freyheiten, in Ihren Würden, und Crafften ohne einige schmällerung und Nachtheil, Steiff, fest, und unverbrochen geblieben, auch führohin, und zu Ewigen Zeiten mehr oberwehnter Stadt-Dorffschafften mit einigen Gespunst nit Oneriret, und Beschwehret, sondern von demselben gantz Ledig, und Befreyet seyn sollen und wollen. Wie Wir selbe auch Crafft dieses offenen Briefs, vor Unss, und Unsere Nachkommende Bischoffe zu Ollmutz, von nun auf Ewige Zeiten Losssprechen, und Befreyen. Zu dessen Uhrkund und wahrer Beglaubigung Haben Wir Uns Eigen Händig unterschrieben, und Unser grösser Hof-Cantzley Insigel anhängen lassen. So geschehen zu Cremhsier in Unserer Residenz Stadt den Dreyzehenden Monaths Tag July, Anno Ein Tausend, Sechs Hundert Drey- und Achtzig.

Carl m. p.

Ad mandatum Rmi. et Cels^{mi} Principis proprium Elias Isidorus Schmidt, Secret^{us}

W. Urkunde vom 2 Dec. 1689.

Wir Johann Joseph Breüner des Heil. Röm.-Reichs Graff ɔc., Dhom-Dechant Probst, Praelaten, Dhom-Herrn, und ein gesammtes Getreues Dhom-Capitul des Fürstlichen Hohen Stieffts Ollmütz ɔc. Bekennen, und Thuen kund mit diesem Unsern Offenen Brief Männiglich, Vor Unss, und Unsere Nachkommen, demnach der Hochwürdigst-Hochgebohre Fürst, und Herr, Herr Carl, Von Gottes gnaden Bischoff zu Ollmutz, Hertzog, des Heyl. Röm. Reichs Fürst, der Königlichen Böheimischen Capelle, und von Lichtenstein Graff ɔc. denen gesammten Dorffschafften unterthanen der Fürstlichen Bischoffl. Stadt Bautsch, auf Ihr allerdemüttigstes Vorbringen und gethanes Bittliches anlangen, damit sie wegen einer gewiessen anzahl des Gahrns-Gespunst, so Sie Bishero gespunnen, und nach Cremhsier abgeführet, welches wider Ihre Freyheiten, und von denen Glorwürdigsten Vorfahren, und Bischoffen in Ollmutz erlangten Privilegien, so es in eine schuldigkeit Hette kommen sollen, gewesen währe, dem Alten Herkommen aber nach gantz Ledig, und Frey verbleiben sollen, und mögen, Um dessen willen Ihnen Ein ausgefertigter Freyheits-Brief darüber gnädiglich ertheillet, desssen Innhalt von Worth zu Worth Lautend Hernach folget: (Nun folgt der wörtliche Inhalt der Urkunde V). Wann Wir dann von denen Obgedachten Gesammten Unterthanen, und Dorffschafften, der Fürstl. Bischoffl. Stadt Bautsch Specialiter und wie es sich gebühret, und unsern Capitular-Consens demüttigist ersuchet worden, Ihnen auch wegen obangetzogenen Motiven, und Ursachen, solche gnad, und Freyheiten gern Vergönnen: Als Innhalt Ihro Hochfürstl. Gnaden Vorstehender Begnadung, zu der Wir Unsern Brief eignen, und beyfügen Thun, Crafft dieses Unsere Gunst, Vollkommen willen, und Consens, dass nemlichen Sie Gesamte Dorffschafftens Unterthanen der fürstlich Bischofflichen Stadt Bautsch, Bey Ihrem Von denen Hochwürdigsten Vorfahrern und Bischoffen zu Ollmütz, erlangten Privilegien und Freyheiten darbey Verbleibend geniessen, und von solchen Gespunst hinführo, und zu ewigen Zeiten nicht mehrers oneritt und beschwehrt, sondern von solcher gantz Loss, Ledig, und befreyet seyn sollen, Hiemit wissentlich ertheilen, und befreyen. Uhrkund dessen ist Unser Verwilligungs-Brief mit Eigener Hand Ihro Hochwürden Hr. Dhomdechänts, und Unsers Dhom Capitels Notarij unterschrieben, dann auch mit Unserm grössern Capituls Insigel gefertiget worden. Der Gegeben Ollmütz in Unsern Capitulo ordinario den Anderten Monaths Tag Decembris, Im Ein tausend, Sechs Hundert, Neun- und Achtzigsten Jahre.

Hanns Joseph G. Breüner, Thumdechant m. p.

(L. S.)

Carolus Julius Orlik L. B. de Laziska C. O. Rmi. Fid. Cap.li p. t. Notarius.

X. Urkunde vom 4 Febr. 1713.

Wir Wolffgang von Gottes Gnaden der Heyl. Röm. Kirchen Cardinal von Schrattenbach, Bischoff zu Ollmütz, Hertzog, des Heyl. Röm. Reichs Fürst, und der Königl. Böheib. Capellen Graf ɔc. fügen hiermit Jedermänniglichen besonders aber wo es vonnöthen zu wissen, was gestalten Wir von denen Ehrsamben, und Vorsichtigen Unseren Lieben Getreuen Burgermeistern, und Rath, dann der gesambten gemeinde Unsserer Fürstl. Bischoffl. Stadt Bautsch in aller Demuth unterthänigst supplicando belanget worden, Wir als Regierender Fürst und Bischoff zu Ollmütz geruehten ihnen ihre von weyland unseren Herren Vorfahreren am Bisthumb Erlangte Privilegia, Freyheiten, und Löbliche gewohnheiten, auch darüber erhaltene Confirmationen von neuen Gnädigst zu bestättigen, zu bekrafftigen, und diesen unsern Brief ein Verleiben zu lassen, welche Privilegia wie solche unss originaliter Vorgezeiget und ordentlich Vorgetragen werden, von worth zu worth folgender massen lauthen. (Hier folget der Inhalt der Urkunde H). Wann Wir denn Gnädigst angesehen obbemeldten Burgermeister, Raths und gantzer gemeinde zu Bautsch embsig und demüethigstes Bitten, und gleich erwogen die beständige Treu — nutz — und erspriessliche Dienste, So Sie unss und weyland Unseren Herren Vorfahreren am Bisthumb jederzeith gehors. geleistet, und weithers leisten werden und schuldig seyn sollen.

Als haben Wir ihnen billiche und gehor. ansuchen Gnädigst condescendieret, und obbemeldte Privilegia, Freyheithen, und Lobl. gewohnheithen ratificieret und confirmieret, Ratificieren, und confirmieren solche auch in krafft diesses auss Bischoffl.er macht und gewaldt wissendt und wohlbedächtl., wollen auch Ernstlich, dass Sie bey dieser unserer Bischoffl.en confirmation jetzt und zu künfftig Ewigen Zeithen ohne Mannigliches Hinderung ruhig Verbleiben undt gelass., auch alle die jenige Herrschafftl. Schuldigkeithen, so wie Sie solche bies dato abgeführet haben, und in specie der umb St. Wenceslai Jährl. fallende Hiener undt ayer aussatz benenntlichen vor »3 ℔ 19 st. (Stück) Hiener das Stuck zu »7 kr. gerechnet »mit 23 gulden« 18 kr.: und ayer 24 ℔ 14 st. das Stuck zu 1¼ ₰ (Denar mit 12. Gulden Rein. 7 kr. von Ihnen Bautschern und darzue gehörigen Dorffschafften noch weithers hin entrichtet, und derüeber Sie weder Von uns, noch unsern Successoribus beschweret werden sollen. In Vrkhund haben Wir uns aigenhändig unterzeichnet, und darzue Vnser Cantzley Insiegl anhängen lassen. So geschehen in Vnserer Bischofflichen Risidenz Stadt Cremsier den 4 »February« 1713.

Wolff Cardl. von Schrattenbach m. p.

(L. S.)

Gottfried von Freyenfelss m. p.

Ad Mandum. Em^{mi} et Cel^{mi} Card^{lis} et Epi. Ollomucensis proprium *Antoni Fr. Horaczek* m. p.

Y. Urkunde vom 20 Oct. 1738.

Wir Carl VI. von Gottes Gnaden Erwehleter Röm. Kay. zu allen Zeiten Mehrer des Reichs, in Germanien, Hispanien Hungarn, Böheim, zu Dalmatien, Croatien, und Sclavonien König, Ertz Hertzog zu Österreich, Marggraf zu Mähren, Hertzog zu Lutzemburg und in Schlesien und Marggraff zu Lausnitz ɔc. ɔc. Bekennen offentlich mit diesem Brieff, und thuen kund jedermänniglich, dass bey uns Burgermeister und Rath der Bischoffl. Ollmützerischen Stadt Bautsch in unserem Erb-Marggraffthumb Mähren allerunthgst supplicando eingekommen, und gebetten, Wir geruheten Ihnen die Kayser- und Königl. Gnad zu thuen, und das von Wayland Ludovico König in Böheimb, und Marggraff in Mähren besagter Stadt im Jahr 1526 auf Einen Wochen-Marckt am Sonnabend Verliehene Privilegium, wie auch die von denen vorigen Bischoffen zu Ollmütz, als ihren Grundtobrigkeiten erhaltene Begabungen, und hand Vesten allermildest zu confirmiren, deren inhalt von worth zu worth folgender gestalten lauthet.

(Nun folgt der Inhalt sämmtlicher Privilegien).

Wann Wir nun nach dem hierüber von gehörigen orthen eingehohlten gutachtl. Bericht in ihre diesfällige allerunterthänigste Bitte in Kayser- und Königl. gnaden gewilliget; Als haben Wir mit wohlbedachtem Muth, guten vorgehabten zeitigen Rath, und rechten wissen obberührtes Privilegium, wie auch die obrigkeitl. Begaabnusse, und hand Vesten (jedoch ausser der von weyl. Marco Bischoffen zu Ollmütz ermeldter Stadt in der obinserirten Concession de Anno 1558 zwar verliehenen hernachmals aber extra usum gekommenen freyen Fleisch-Einfuhr an denen Sonn-abendlichen wochen-Märckten, und so viel es das obige Privilegium, wie auch die obrigkeitliche Begaabnussen, und Hand Vesten anbetrifft, salvo Jure Regio, Dominicali et cujuscunque Tertii, und in so weith mehr besagte Stadt Bautsch in derenselben usu et possessione ist, auch solche der jetzig-, und künfftigen Landes-Verfassung nicht entgegen stehen) allergnädigst confirmiret und bestättiget.

Thuen das auch hiemit wissentlich und in krafft dieses Brieffs als Regierender König zu Böheimb, und Marggraff in Mähren.

Meinen, Setzen, und wollen, dass offt gedachte Stadt Bautsch obinserirtes Privilegium auch obrigkeitliche Begaabnussen und Handvesten auf die von uns confirmirte weiss, ohne Männiglicher hinderung haben, gebrauchen, und geniessen könne, und möge. Und gebiethen hierauf allen und jeden unseren Nachgesezten Obrigkeiten, Inwohnern und unterthanen, was Würden, Standts, Ambts, oder Weesens die in unserem Erb-Marggraffthumb Mähren seynd, Insonderheit aber unserem Königs Tribunali daselbst hiemit gnädigst, dass Sie öffters ernante Stadt Bautsch bey sothanen von uns gedst. confirmirten Privilegio auch obrigkeitlichen Begaabnussen, und Handvesten oberwehnter massen schützen, und handhaben, darwider selbst nicht thuen, noch das jemand anderen zu thuen verstatten, als lieb Einem Jeden seye unsere schwere Straff und ungnad zu vermeiden; das Meinen Wir Ernstlich. Zu urkundt etc.

Wienn den 20. Octobris 1738.

Z. Urkunde vom 21 Juli 1747.

Wir Maria Theresia von Gottes gnaden Römische Kayserin, in Germanien, zu Hungarn, Böheimb, Dalmatien, Croatien, und Sklavonien Königin, Ertz Hertzogin zu Österreich, Marggräfin zu Mähren, Hertzogin zu Lutzenburg und in Schlesien, und Marggräfin zu Laussnitz, Hertzogin zu Lothringen, und Gross-Hertzogin zu Toscana oc. oc.

Bekennen Öffentlich mit diesem Brieff und thuen kundt Jedermänniglich, dass bey Unss Burgermeister, Rath und gantze Gemeinde der Bischöfflich Ollmützerischen Stadt Bautsch in Unserem Erb-Marggraffthumb Mähren aller unterthänigst supplicando eingekommen und gebetten, Wir geruheten ihnen die Kayserlich-Königliche Gnadt zuthuen und ihre erhaltene von Unserem Hochgeehrtesten Herren Vatter Wayland Kaysers Carl des Sechstens Majestät glorwürdigsten Andenckens bestättigte Privilegia, Obrigkeitliche Begaabnussen, und Handvesten gleichfalls allermildest zu Confirmiren, der Inhalt samb denen Nominibus concedentium, und denen datis aus dem hiernach folgenden Extractu zu ersehen.

(Nun folgt der Extract der Privilegien E. F. G. H. J. K. L. M. N. O. P. Q. R. S. T. U. V. W. X. u. Y. welche oben angeführt wurden.)

Wann Wir dann in ihre disfällige aller unterthänigste Bitte in Kaiserlich Königlichen Gnaden gewilliget, Als haben Wir mit wohlbedachten Muth, gutten vorgehabten zeitigen Rath, und rechten Wissen alle und jede in ob angeführten Extractu enthaltene Privilegia, Obrigkeitliche Begaabnussen, und Handvesten in allen ihren Puncten und Clausulis dergestallten, als wann sie von Worth zu Worth hier inseriret wären (jedoch mit Ausnahm der von Wayland Marco Bischoffen zu Ollmütz in der ertheilten, und in dem obinserirtten Extractu sub. No. 4. (Urkunde H.) angeführten Concession oc. Anno Fünfzehn Hundert acht und Fünffzig der Stadt Bautsch zwar verliehenen hernachmals aber extra usum gekommenen freyen fleisch-Einfuhr an denen Sonnabendtlichen Wochen-Märckten, und so viel die in eben diesem Extractu bemerkte Privilegia, wie auch die obrigkeitliche Begaabnussen, und Handvesten anbetrieffi salvo Jure Regio, Dominicali, et cujuscunque tertii, und in so weith gedachte Stadt Bautsch in derenselben usu et possessione ist, auch solche der jetzig- und künftigen Landesverfassung nicht entgegen stehen) aller gnädigst confirmiret und bestätiget.

Thuen dass auch hiemit wissentlich und in kraft dieses Briefs als regirende Königin zu Böheimb und Marggräffin in Mähren.

Meinen, setzen, und wollen, dass mehr bemelte Stadt Bautsch sothane Privilegia, Obrigkeitliche Begaabnussen, und Handvesten auf die von uns confirmirte Weiss ohne Männiglicher Hünderung haben, gebrauchen und geniessen könne, und möge.

Und Gebiethen hierauf allen und Jeden unseren nachgesetzten Obrigkeiten, Inwohnern, und Unterthanen, was Würde, Stands, Ambts, oder Weessens die in Unserem Erb-Marggrafthumb Mähren seyndt, insonderheit aber Unserem königlichen Tribunali daselbst hiemit gnädigst, dass Sie oftgedachte Stadt Bautsch bey diesen von Unss gnädigst confirmirten Privilegien, Obrigkeitlichen Begaabnussen, und Handvesten ob erwehnter massen schützen und Handhaben, Darwieder Selbst nicht thuen, noch das jemandt anderen zuthuen verstatten, als Lieb einem jeden seye Unsere schwere Straff und Ungnad zu vermeiden. Zu Uhrkund dies Briefs besiegelt mit Unseren Königlichen anhangenden grösseren Insiegel.

Der geben ist in unserer Stadt Wienn dem Ein und Zwantzigsten Monaths-Tag July nach Christi Unsers lieben Herrn und Seligmachers Gnadenreichen Geburth im Siebenzehn Hundert Sieben und viertzigsten, Unserer Reiche, des Hungarisch und Böheimbischen im Siebenden Jahre.

Maria Theresia.

(L. S. pendentis.)

Fridericus Comes Harrach
Re. Sup. Cancell.

Ad Mandatum Sac^ae Caesareo
Regiae Majestatis proprium
Rudolp Graff Korzensky m. p.

AA Urkunde vom 1 Jan. 1782.

Wir Joseph der Zweyte von Gottes Gnaden erwählter Römischer Kaiser zu allen Zeiten Mehrer des Reichs, König in Germanien, zu Jerusalem, Hungarn, Böheim, Dalmatien, Krottien, Slavonien, Galizien, und Lodomerien, Erzherzog zu Oesterreich, Herzog zu Burgund, und zu Lothringen, Grossherzog zu Toskana, Grossfürst zu Siebenbürgen, Herzog zu Mailand, Mantua, Parma etc. Gefürsteter Graf zu Habsburg, zu Flandern, zu Tyrol etc. etc.

Bekennen offentlich mit diesem Brief, und thuen kund jeder männiglich, dass uns Burgermeister, Rath und ganze Gemeinde der Erzbischöflich Ollmüzerischen Stadt Bautsch in unserem Erbmarggrafthum Mähren aller unterthänigst gebetten, Wir geruheten Ihnen die königliche Gnade zu thuen, ihre erhaltene von Wailand Unserer Hochgeehrtesten Frau Mutter ... Kaiserin Königin Maria Theresia Majestät glorreichesten Andenkens letzthin bestättigte Privilegia obrigkeitliche Begabnussen, und Handvesten, gleichfalls allermildest zu bestättigen, wie solche Inhalt des in gleich erwähnter von Unserer Hochgeehrtesten Frau Mutter hierüber ertheilten Konfirmation enthaltenen Extrakte angeführet seynd.

(Folgt der Extract aller Privilegien wie bei Urkunde Z.)

Wann Wir dann in ihre diesfällige aller unterthänigste Bitte in Königlichen Gnaden gewilliget, Als haben Wir mit Wohlbedachten Muth gutten vorgehabten zeitigen Rath und rechten Wissen sothane Privilegia obrigkeitliche Begabnussen, und handvesten (jedoch salvo Jure Regio Dominicali, et cujuscunque tertii, und in so weith gedachte Stadt Bautsch in derenselben Usu et possessione ist, solche auch der jetzigen und künftigen Landesverfassung nicht entgegenstehen) allergnädigst bestättiget.

Thuen das auch hiemit wissentlich, und in Kraft dieses Briefes als Regierender König zu Böheim und Marggraf in Mähren.

Meinen setzen und wollen, das mehr bemelte Stadt Bautsch sothane Privilegia obrigkeitliche begabnussen und handvesten ohne männiglicher Hinderung haben gebrauchen und geniessen könne und möge.

Und gebiethen hierauf allen und jedem Unserem nachgesetzten Obrigkeiten, Innwohnern und Unterthanen, Was Würde Standes Ambts oder Weesens die in Unserem Erb Marggrafthum Mähren seynd; Innsonderheit aber Unserem Königlichen Gubernio daselbst hiemit gnädigst, das Sie oftgedachte Stadt Bautsch bei diesem von Uns gnädigst confirmirten Privilegien obrigkeitlichen Begabnussen und handvesten schützen und handhaben darwieder selbst nicht thuen, noch das jemand andern zu thuen verstatten, als lieb einem jedem seyn, unsere Schwere Strafe und Ungnad zu vermeiden, das Meinen Wir ernstlich.

Wien den 1ten Januarius 1782.

Joseph m. p.   *Henricus Comes a Blumegen*   *Ad Mandatum Sacrae*
Regis Boh^{eis} Sup. etc. etc. etc.   *Caes^o. Regiae Mattis*
Prim. Canc. Henricus Comes   *proprium*
ab Auersperg.   *Friedrich von Eger.*

BB. Urkunde vom 16 März 1793.

Wir Franz der Zweite von Gottes Gnaden erwählter Römischer Kaiser, zu allen Zeiten Mehrer des Reichs, König in Germanien, zu Jerusalem, Hungarn, Böheim, Dalmatien, Kroatien, Slavonien, Galizien und Lodomerien, Erzherzog zu Oesterreich, Herzog zu Burgund und zu Lothringen, Grossherzog zu Toskana, Grossfürst zu Siebenbürgen, Herzog zu Mailand, Mantua, Parma ɔc. Gefürsteter Graf zu Habsburg, zu Flandern, zu Tyrol ɔc. ɔc.

Bekennen öffentlich mit diesem Briefe, und thun kund jedermänniglich, dass Uns die Gemeinde der Ollmützer erzbischöflichen Stadt Bautsch in Unserem Erbmarkgrafthume Mähren allerunterthänigst gebeten, Wir geruheten ihr die königliche Gnade zu thun, die von Wayland Unserer höchstseeligen Frau Grossmutter Kayserin Königin Maria Theresia Majestät am 21. July des Jahrs 1747, und von Wayland Unserem höchstseeligen Herrn Oheim, Kayser König Joseph dem Zweiten Majestät glorreichen Andenkens, am 1ten Jänner 1782ten Jahres konfirmirte Privilegien, obrigkeitliche Begabnisse und Handvesten, gleichfalls allergnädigst zu bestättigen.

(Nun folgt der Extract der Privilegien von E bis Y inclusive.)

Wann Wir nun auf den von Unserer Landesbehörde hierüber eingehohlten gutächtlichen Bericht in ihre Diesfällige allerunterthänigste Bitte aus kayserlich königlichen Gnaden gewilliget.

So haben Wir mit wohlbedachtem Muthe, guten vorgehabten zeitigem Rathe, und rechtem Wissen, der Stadtgemeinde Bautsch alle vorerwähnte Privilegien, obrigkeitliche Begabnisse und Handvesten, dergestalt, wie solche von Unserem höchstseeligen Herrn Oheim Kayser Joseph dem Zweyten konfirmiret worden (nach ihrem ganzem Inhalte, Punkten und Klauseln, mit der nemlichen Kraft und Wirkung, als wenn selbe von Wort zu Wort hier eingeschaltet wären) gnädigst bestätiget; alles dieses jedoch Unseren landesfürstlichen, obrigkeitlichen, und sonst männiglichen Rechten ohne Nachtheil und Schaden, und in so weit diese Gemeinde in derselben Ausübung und Besitze bestellet ist, auch die Privilegien, obrigkeitliche Begabnisse, und Handvesten selbst, der itzigen und künftigen Landesverfassung nicht entgegen stehen; und unter der ausdrücklichen Bedingniss: dass keiner der bestättigten Jahr und Wochenmärkte an einem Sonn- oder andern gebotenen Feyertage, sondern allemal an dem darauf folgenden Werktage abgehalten werden solle.

Thun das auch hiemit wissentlich, und in Kraft dieses Briefes als regierender König zu Böheim und Markgraf in Mährem.

Meynen, setzen, ordnen und wollen, dass mehrbesagte Stadt Bautsch, diese Privilegien, obrigkeitliche Begabnisse und Handvesten, wie Wir solche bestättigen, ohne männigliche Hinderung haben, gebrauchen und geniessen könne und möge.

Und gebieten hierauf allen und jeden Unseren nachgesezten Obrigkeiten, Inwohnern und Unterthanen, wessen Standes, Würde, Amtes und Wesens, die in Unserem Erbmarkgrafthume Mähren sind, besonders aber Unserem königlichen Landesgubernium daselbst hiemit gnädigst, dass sie oftgedachte Stadt Bautsch bei diesen von Uns gnädigst konfirmirten Privilegien, obrigkeitlichen Begäbnissen und Handvesten schützen und handhaben, dawider selbst nichts thun, noch dies jemand anderem zu thun gestatten sollen, als lieb einem jeden sey, Unsere schwere Strafe und Ungnade zu vermeiden.

Das meynen Wir ernstlich. Zur Urkunde oc.

Wien den 16. März 1793.

Franz m. p.

Leopoldus Comes a Kollowrat
Regis Boh^{ae} Sup^{us} et A. A.
pr^{us} Cancell^{us}
Heinrich Graf von Rottenhan.
Ad Mandatum Sac. Caes. Reg.
Mattis. pprium.
Johann Joseph Grohmann.

CPSIA information can be obtained
at www.ICGtesting.com
Printed in the USA
BVHW071039231020
591514BV00013B/743